Lernkrimi Spanisch

W0201054

El misterio del Camino de Santiago

Mario Martín Gijón
Iñaki Tarrés

compact

Weitere Informationen zu Compact Lernkrimis finden Sie am Ende des Buches und unter www.lernkrimi.de.

© Compact Verlag GmbH
Baierbrunner Str. 27, 81379 München
Ausgabe 2017

Alle Rechte vorbehalten. Nachdruck, auch auszugsweise,
nur mit ausdrücklicher Genehmigung des Verlages gestattet.

Redaktion: Janine Kaitzl, Ursula Bachhausen
Fachkorrektur: Pablo Pino
Produktion: Ute Hausleiter
Titelillustration: Karl Knospe
Lernkrimi-Logo: Carsten Abelbeck
Gestaltung: EKH Werbeagentur GbR, textum GmbH
Umschlaggestaltung: EKH Werbeagentur GbR, Hartmut Baier

ISBN 978-3-8174-1383-6
381741383/1

www.compactverlag.de, www.lernkrimi.de, www.facebook.com/lernkrimi

Vorwort

Liebe Leserin, lieber Leser,

sicher zum Lernerfolg – mit Spaß und Spannung! Die Compact Lernkrimis mit ihrer Kombination aus Lektüre und didaktischem Übungsanteil eignen sich hervorragend, um breite Sprachkompetenzen in der Fremdsprache zu erwerben. Der Lerner wird dabei durch die spannende Handlung, das angemessene Sprachniveau und den stetig ansteigenden Schwierigkeitsgrad der Übungen gefördert und motiviert.
Entwickelt nach neuesten Erkenntnissen der Fremdsprachendidaktik, sind Compact Lernkrimis das ideale Medium für einen Lernerfolg im Selbststudium. Durch die kleinen Texteinheiten und den hohen Übungsanteil sind sie aber auch als Unterrichtslektüre bestens geeignet.

So lernen Sie mit Compact Lernkrimis:

- **Mit Begeisterung lernen:** Die packende Krimihandlung motiviert Sie beim Lesen des spanischen Originaltextes.
- **Wissen intensivieren und erweitern:** Durch die Kombination aus didaktisch aufbereiteter Lektüre und textbezogenen Übungen testen und trainieren Sie Ihre Sprachkenntnisse effektiv. Vokabelangaben auf jeder Seite unterstützen Sie beim Lesen.
- **Systematisch lernen:** Knüpfen Sie an Ihr individuelles Sprachniveau an und setzen Sie eigene Lernziele – linear im Schwierigkeitsgrad ansteigend oder mit punktuellen Schwerpunkten von Grundwortschatz bis Hörverstehen.
- **Unabhängig sein:** Lernen Sie individuell – wo und wann immer Sie wollen.

Viel Spaß beim **spannenden Erlernen der spanischen Sprache**
wünscht Ihnen

Prof. Dr. Christiane Neveling
Didaktik der romanischen Sprachen, Universität Leipzig

Inhalt

Die Ereignisse und die handelnden Personen in diesem Buch sind frei erfunden. Etwaige Ähnlichkeiten mit tatsächlichen Ereignissen oder lebenden Personen wären rein zufällig und unbeabsichtigt.

El misterio del Camino de Santiago

Mario Martín Gijón

1 La excursión de fin de curso

Son las siete de la tarde de un día de julio en Galicia. Un grupo de jóvenes amigos camina por un **sendero**, donde un letrero señaliza que es un **tramo** del Camino de Santiago. Son Emilio, Virginia, Clara, Elsa, Gregorio y Roberto, un grupo de estudiantes de Historia. Para celebrar el final de sus estudios, hacen el Camino de Santiago.

sendero *m*	Fuβweg, Pfad
tramo *m*	Abschnitt
sorprender	überraschen, erstaunen

–¡Qué suerte hemos tenido hasta ahora! –dice Virginia–. Llevamos cuatro días de camino y todavía no ha llovido. Esto en Galicia es casi increíble...

–¡Qué puede saber una madrileña sobre el clima de esta tierra! No llueve todo el año como creéis algunos. Simplemente no tenemos el calor insoportable que hace en el sur –responde Elsa.

–Todo tiene su lado bueno y su lado malo –dice Gregorio–. Sin tanta lluvia, no tendríamos este paisaje tan verde y tampoco estos bosques...

–Oye, Clara, ¿qué te pareció la iglesia de Santa María en Caldas de Reis? Yo no conocía esta iglesia. Una iglesia románica tan bien conservada en ese pueblo... –comenta Roberto, a quien no le gustan las discusiones entre Elsa y Virginia sobre temas tan aburridos como el tiempo.

–Pues sí, tienes razón, a mí me ha **sorprendido** también. No sé, hay una paz especial en esas iglesias, tan frescas, tan solitarias...

–Sí, una paz como la de una tumba –comenta Virginia.

–¿Qué pasa? ¿Ya **echas de menos** el estrés de Madrid? –pregunta Clara, un poco **enfadada**.

–Parece que Virginia hoy tiene ganas de discutir, nada le parece bien –comenta Elsa de mal humor.

–Tengamos paz, amigos –dice Emilio–, lo que tenemos que hacer es andar un poco más **deprisa** para llegar a Pontecesures, descansar bien y, mañana, ¡a Santiago!

–Oye, Emilio, yo también quiero llegar mañana a Santiago, pero ya vamos bastante rápido, yo no puedo ir más deprisa –protesta Elsa.

–¡A ver, la gallega, pensaba que estabas en mejor forma! –exclama Gregorio, en tono de **broma**.

Roberto, que ha estado **callado** un rato, **de repente** dice:

–Oídme, ¡tengo una idea! He escuchado de otros **peregrinos** que cerca de aquí hay una **ermita**, la Ermita das Ánimas. Es una pequeña ermita románica que está algo apartada del camino. Es poco conocida pero me han dicho que **vale la pena** visitarla. La ermita está **abandonada**, pero tiene unas pinturas románicas muy interesantes. ¿Os parece bien ir a verla y luego seguimos el camino? No importa si llegamos tarde a Pontecesures, allá no tendremos problemas para pasar la noche.

Sus compañeros se quedan al principio un poco sorprendidos por la idea y no saben qué decir. En algunas horas comenzará a atardecer y aún les quedan veinte kilómetros hasta Pontecesures, por lo que podría hacerse de noche antes de llegar.

echar de menos	vermissen
enfadado	verärgert
deprisa	eilig, schnell
broma *f*	Witz, Scherz
callado	ruhig, still, verstummt
de repente	plötzlich
peregrino/a *m/f*	Pilger(in)
ermita *f*	Kapelle, Einsiedelei
valer *irr* la pena	sich lohnen
abandonar	verlassen

Ejercicio 1: Plural. **Bilden Sie den Plural der folgenden Wörter! Achten Sie auf die Akzentsetzung.**

1. el mejor ______________________
2. la idea ______________________
3. el kilómetro ______________________
4. la joven ______________________
5. el día ______________________

–Oye, Roberto, no sé si es una buena idea lo que propones –dice Emilio–. Se nos va a hacer muy tarde, incluso quizás de noche…

–¿Y qué pasa? ¿Te da miedo andar de noche? –pregunta Roberto con **malicia**.

Emilio pone cara de **ofendido** y no contesta.

–Emilio tiene razón, **además** yo estoy bastante cansada –dice Elsa–. Ya habrá otra ocasión para ver esa ermita.

malicia *f*	Bosheit
ofendido	gekränkt, beleidigt
además	außerdem

–¡Pues no sé cuándo! –responde Roberto–. Mañana llegaremos a Santiago, nos quedaremos dos días por las fiestas y luego nos volveremos todos, a Madrid o a donde sea… Es ahora o nunca.

–Oye, Roberto, ¿qué hay en esa ermita exactamente? –pregunta Gregorio con interés.

–Pues exactamente no lo sé. Son pinturas románicas, como dicen bien conservadas, pero que no son conocidas porque la ermita está dentro de una finca privada.

–¡Pues entonces no hay nada que hacer! –interviene Emilio–. Si es una finca privada no podemos entrar sin permiso. Incluso puede haber perros guardianes.

–Sí, que te van a morder, Emilio –dice Roberto.
–Y que te van a romper los pantalones vaqueros de marca… –comenta Gregorio, a quien no le cae bien Emilio.
–¿Pero qué os pasa? –pregunta Virginia–. Emilio tiene razón. ¿Para qué nos vamos a meter en problemas? Además, Roberto, ¿por qué no nos hablaste antes de esa ermita?
–Es que… –comienza Roberto, sin saber muy bien qué decir–. ¡Me gustan las sorpresas!

morder *irr*	beißen
romper	zerreißen, zerbrechen, kaputtmachen
caer *irr* bien	sympathisch finden
locura *f*	Irrsinn
pegar un tiro a alguien	auf jdn. schießen
encontrar(se) *irr* con/a	treffen auf; sich treffen mit
extrañar(se)	(sich) wundern
acercarse (a)	sich nähern (an)
linterna *f*	Taschenlampe
sonrisa *f*	Lächeln

–Hay sorpresas y sorpresas –dice Elsa–. Por una vez estoy de acuerdo con Virginia. Eso sería una locura. Pueden soltarnos los perros o incluso pueden pegarnos un tiro si piensan que somos ladrones y nos encontramos con algún loco.
–¡Una locura, una locura! ¡Menudos aventureros estáis hechos! Me extraña que no hayáis hecho el Camino de Santiago en coche o con guía turístico… –comenta Roberto, de mal humor.
–Yo creo que no perdemos nada por acercarnos con cuidado –dice Clara–. Está claro que somos turistas y no ladrones y, si se nos hace de noche, no hay problema, todos tenemos linternas. Si vemos que hay perros o alguien nos dice algo, nos volvemos y ya está. Y si no, pues vemos esa ermita, a ver si es tan interesante como dice Roberto.
–Creo que Clara tiene razón –apoya Gregorio–. No perdemos nada por acercarnos.
–Muy bien, entonces iremos Clara, Gregorio y yo –decide Roberto con una sonrisa de triunfo.

Ejercicio 2: ¿Ser, estar o haber? Ergänzen Sie die folgenden Sätze mit der richtigen Form von *ser, estar* oder *haber*!

1. Roberto ___________ de mal humor.
2. Elsa ___________ muy cansada.
3. Cerca del sendero ___________ una ermita abandonada.
4. Emilio cree que puede ___________ perros en la finca.
5. ¿Qué hora ___________? ___________ las siete y media.
6. La ermita ___________ en una finca privada.

–Está bien… –comienza a decir Emilio.

–¡No, no! –le interrumpe Elsa–. Aquí hacemos todas las cosas en grupo. Nosotros vamos también. A ver si nos vais a **tomar por cobardes**.

–De acuerdo, perfecto –dice Gregorio–. A ver, Roberto, guíanos hacia esa ermita.

–Muy bien. Creo que hay que seguir por este camino –dice Roberto, echándose a andar.

Los amigos comienzan a andar por un sendero algo **pedregoso**, hasta llegar a una **valla** con un letrero que pone "Propiedad privada". Roberto, sin **dudarlo**, salta la valla, y Clara y Gregorio lo siguen. Virginia, Elsa y Emilio, tras pensarlo un poco, hacen lo mismo.

–¡Vaya por qué caminos nos llevas! Está todo lleno de **barro**… –protesta Elsa.

tomar por	halten für
cobarde *m*	Feigling
pedregoso	steinig
valla *f*	Zaun
dudar	(an)zweifeln, zögern
barro *m*	Schlamm

–Y comienza a hacerse de noche –comenta Emilio.
–Estamos cerca ya –dice Roberto tranquilo.
En efecto, pocos minutos después ven una pequeña ermita gris, con las paredes ennegrecidas y el pórtico cubierto de hierbas.
–Aquí es –afirma Roberto.
–Desde luego, no solo no es turístico, sino que me parece un poco siniestro –dice Elsa.
–No sé si me apetece entrar –dice Virginia.
–A mí, desde luego, no –afirma Emilio.
–Pues yo, ya que hemos llegado aquí, creo que hay que entrar –dice Clara.
Roberto, con precaución, se acerca a la puerta y la abre con cuidado. Entra, seguido de Gregorio y Clara. La ermita está muy oscura. Los tres encienden sus linternas.
–Ey, qué bien se te ve a la luz de la linterna –comenta Roberto dirigiéndose a Clara, que le sonríe.
Mientras, Gregorio dirige la linterna a las paredes.
–¡Mirad! ¡Es impresionante! –exclama y señala a la cúpula, cubierta de pinturas románicas que representan el Nacimiento de Jesús.
Clara saca su cámara y toma unas fotos con flash. De repente, escucha un ruido extraño.
–¿Qué ha sido eso? –pregunta, un poco asustada.
–¿El qué? –preguntan Gregorio y Roberto.
–¿No habéis oído un ruido?

en efecto	tatsächlich
ennegrecido	schwärzlich, schwarz angelaufen
hierbas *f pl*	*hier*: Gräser, Kräuter
siniestro	unheimlich
apetecer *irr*	mögen, Lust haben auf
precaución *f*	Vorsicht
cúpula *f*	Kuppel
nacimiento *m*	Geburt
ruido *m*	Krach, Geräusch
extraño	seltsam, komisch
asustado	erschrocken

–No, pero quizás es alguna rata –dice Gregorio–. En un sitio así no me sorprendería.

Clara pasea con la linterna y se dirige hacia el fondo.

–¡Venid! –llama de repente–. Hay una escalera que baja hacia algún sótano.

–Podría ser una cripta –dice Gregorio.

–¿Bajamos? –pregunta Roberto.

–No sé si es buena idea, solo podemos encontrar esqueletos, no es algo muy interesante –dice Gregorio.

sótano *m*	Keller
cripta *f*	Krypta
escondido	versteckt
agarrar	greifen, grob packen
tirador *m*	(Tür-)Griff
intentar	versuchen
desalentado	mutlos; atemlos
desaparecer *irr*	verschwinden

–Quién sabe, quizás hay algún tesoro[i] escondido –dice Clara.

Y, tras decir esto, Clara baja la escalera. Roberto la sigue.

–Déjame a mí primero.

–No, ¿por qué? ¿Te crees más valiente que yo? No necesito que me protejan.

Clara agarra el tirador de la puerta e intenta abrirla, pero no puede. Gregorio y Roberto tiran de ella, sin resultado.

–Vaya, no se puede abrir, es imposible –dice Gregorio, desalentado.

Roberto y Gregorio vuelven a subir la escalera. Clara se queda pensativa. De repente, tira de la puerta y esta se abre.

–Venid, entrad –dice Clara al tiempo que entra.

En ese momento, la puerta se cierra y Clara desaparece de la vista de Gregorio y Roberto.

–¡Clara! –grita Roberto, que se lanza a la puerta, intentando abrirla–. ¡No se puede abrir!

Vorsicht vor dem falschen Freund!
el tesoro der Schatz
la caja fuerte der Tresor
Wie das deutsche „Schatz" kann *tesoro* auch im Spanischen als Kosewort verwendet werden:
mi tesoro – mein Schatz
eres un tesoro – du bist ein Schatz

–Tenemos que buscar ayuda –dice Gregorio.
Gregorio y Roberto salen corriendo de la ermita. Emilio, Virginia y Elsa esperan, algo aburridos.
–¿Qué pasa? ¿Dónde está Clara?
–Quedó **encerrada** en una cripta, hay que pedir ayuda.
–¡En una cripta! ¡Pobre, qué miedo! –exclama Emilio.
–Ya decía yo que no era buena idea… –comenta Virginia.

encerrado	eingesperrt, eingeschlossen
darse *irr* prisa	sich beeilen
jinete *m*	Reiter
antorcha *f*	Fackel
echar a correr	loslaufen
ballesta *f*	Armbrust
clavar	einrammen, feststecken, (fest) nageln
pino *m*	Pinie, Kiefer

Ejercicio 3: Preposiciones. Lesen Sie weiter und unterstreichen Sie die richtige Variante!

-Bueno, ahora no hay **1.** a / que discutir, sino buscar ayuda. Y mejor si **nos damos prisa**, ya es casi de noche.
En ese momento, oyen el galope **2.** de / donde unos caballos. A lo lejos ven unos **jinetes** **3.** sin / con la cabeza cubierta y con **antorchas** **4.** en / sobre las manos.
-¡Vámonos **5.** para / de aquí! -grita Emilio, y **echa a correr**, seguido **6.** por / para Virginia y Elsa.

–No podemos dejar a Clara allí –dice Roberto.
–Creo que esos jinetes no traen buenas intenciones –dice Gregorio, un poco asustado.
En ese momento, uno de los jinetes dispara con una **ballesta** una flecha que se **clava** en un **pino** a unos metros de Roberto. Él y Gregorio echan a correr.

2 La Santa Compaña

Afortunadamente para los estudiantes, los jinetes no los **persiguieron**, solamente querían **asustarlos**.

–¿Qué hacemos ahora?

–¡Tenemos que pedir ayuda! –grita Virginia–. ¡Qué miedo! ¿Quiénes serían esos jinetes?

–Yo voy a volver ahora mismo –dice Roberto–. No podemos dejar allí sola a Clara.

–No tiene sentido irse solo para allá, Roberto –dice Gregorio–. Vamos a buscar a la policía. Tiene que haber un pueblo por aquí cerca.

Santa Compaña *f*	Heilige Gefolgschaft, Totenprozession (im galicischen Volksglauben)
perseguir *irr*	verfolgen
asustar(se)	(sich) erschrecken
Edad *f* **Media**	Mittelalter

–Podríamos llamar por teléfono –dice Virginia–. Esperad un momento. Vaya... No me queda batería... ¿Quién más tiene móvil?

–Yo no lo tengo –dice Gregorio.

–Yo tampoco –dice Roberto–. Habíamos dicho que, si queríamos vivir como en la **Edad Media**, no era lógico traer los móviles.

–Sí, eso habíamos dicho –dice Elsa–. Ni móviles, ni ordenadores, ni nada que no pudieran llevar unos peregrinos antiguos. A mí no me pareció del todo bien, pero lo acepté.

–Claro, es que llevar móvil sería como hacer el camino en coche, ¿verdad? –pregunta Virginia con ironía.

–Yo pensé que esto nos iba a traer problemas, por eso yo también he traído mi móvil –dice Emilio, sacando su móvil con una sonrisa de triunfo–. Voy a llamar ahora mismo a la policía.

–¡Emilio sí que es un chico inteligente, y no vosotros con vuestras fantasías medievales! –dice Virginia, dirigiéndose a Gregorio y Roberto.

–Está bien, espero que sea útil –dice Gregorio.

–No sé yo, de todos modos estábamos en un terreno privado. Espero que no haya problemas por eso –dice Elsa con desconfianza.

–Bueno, una cosa es visitar una finca privada y otra que nos disparen con una ballesta –dice Virginia–. A ver, Emilio, ¿llamaste ya?

desconfianza *f*	Misstrauen
cobertura *f*	Empfang (Handy)
a buen paso	zügig, flott
preocupado	besorgt
caminata *f*	Fuβmarsch, Wanderung
aldea *f*	Dorf, Weiler
pizarra *f*	*hier*: Schiefer
escepticismo *m*	Skepsis

–Sí, pero no sé qué pasa –dice Emilio, poniéndose nervioso–. Parece que no hay cobertura.

–No me extraña, estamos en pleno monte y en una zona sin ningún pueblo cerca –dice Gregorio.

–Ay, no digas eso… –protesta Emilio.

–Es la verdad –confirma Gregorio.

–El pueblo más cercano es Cordeiro –dice Elsa–. Si andamos a buen paso podemos estar allí en una hora.

Los estudiantes se ponen en camino. Van en silencio, preocupados por lo que ha pasado con Clara.

Al cabo de un rato de dura caminata, los estudiantes llegan a Cordeiro. Más que un pueblo, es una aldea formada por dos calles de casas de pizarra. Los estudiantes están algo sorprendidos.

–¿Estáis seguros que aquí vive alguien? –pregunta Virginia con escepticismo.

Ejercicio 4: Orden sintáctico. Ordnen Sie die Wörter zu sinnvollen Sätzen!

1. persiguieron | estudiantes | a | jinetes | los | no | los

   ____

2. una | está | finca | ermita | en | la | privada

   ____

3. estaba | Virginia | acuerdo | de | no

   ____

4. quedó | Clara | en | cripta | encerrada | se | la

   ____

–Parece un pueblo abandonado... –comenta Emilio.

–Sí, mirad, allí hay una mujer –señala Gregorio hacia una **anciana**, mientras se dirige hacia ella.

–Disculpe, señora –comienza Gregorio–. Necesitamos ayuda.

–Sí, ¿qué le **ocurre**, joven? –pregunta la anciana, acercándose para oír mejor.

–Una compañera nuestra ha desaparecido. Hay que llamar a la policía urgentemente.

anciano/a *m/f*	alte(r) Frau/Mann, Greis(in)
ocurrir	geschehen, passieren
aterrorizado	(heftig) erschrocken, geschockt
santiguarse	sich bekreuzigen
almas *f pl* **en pena**	Seelen im Fegefeuer
vagar	umherirren
sudario *m*	Schweißtuch
encapuchado	vermummt
maldito	verdammt, verflucht

–¡Qué desgracia! –exclama la anciana asustada–. ¿Y cómo ha ocurrido?
Gregorio duda antes de contestar, pues sabe que ellos estaban en un terreno prohibido cuando ocurrió esto. Entonces interviene Roberto:
–Fuimos a la Ermita das Ánimas…
–¡La Ermita das Ánimas! –exclama la anciana–. ¡Por Cristo bendito! ¿Por qué fuisteis allí?

Ejercicio 5: Vocabulario. Lesen Sie weiter und setzen Sie die vorgegebenen Wörter ein!

finca amiga anciana antorchas puerta pinturas jinetes

-Queríamos ver las **1.** ______ románicas de la ermita...
-¡Pero está en una **2.** ______ privada! Además...
-Además, ¿qué? -pregunta Roberto preocupado.
-Nada, nada. Pero ¿qué le pasó a vuestra **3.** ______?
-Había una **4.** ______ en la ermita, ella entró y quedó encerrada. Luego salimos y, cuando íbamos a pedir ayuda, de repente vinieron unos **5.** ______ con **6.** ______...
-¡Dios mío! ¡La Santa Compaña! -grita la **7.** ______ **aterrorizada**, a la vez que **se santigua** rápidamente.

–¿Cómo? –preguntan Gregorio y Roberto sorprendidos.
–La Santa Compaña son las **almas en pena** que **vagan** con sus **sudarios** y que van **encapuchadas**. ¡Ay, qué horror! Eso pasa por entrar en esa ermita **maldita**… ¡Qué desgracia la de vues-

tra amiga! Seguro que era una chica muy joven también...

–Tranquilícese, señora –dice Roberto–. ¿Qué está diciendo? ¿Por qué dice eso? ¿Y por qué está maldita la ermita?

–Vuestra amiga seguro que ya está con la Santa Compaña. La ermita está maldita por el **ermitaño** que vivía en ella, estaba enamorado de una joven campesina, pero alguien lo **denunció** ante el **obispo**. El pobre ermitaño **enloqueció** y mató a su amada. Después, él **fundó** la Santa Compaña...

ermitaño *m*	Eremit
denunciar	anzeigen, verraten
obispo *m*	Bischof
enloquecer *irr*	verrückt werden, den Verstand verlieren
fundar	gründen
susurrar	flüstern
en vez de	anstelle von, anstatt
supersticioso	abergläubisch
bruja *f*	Hexe
desaparición *f*	Verschwinden

–Esta vieja está loca, creo yo –**susurra** Virginia a Elsa–. No sé por qué la escuchamos **en vez de** seguir buscando a la policía.

–Yo en tu lugar tendría más respeto por esa mujer. No podemos saberlo todo, hay cosas que no se pueden explicar... –dice Elsa.

–Vaya, parece que es verdad que los gallegos son **supersticiosos**. Eso de que no creen en las **brujas**, "pero de haberlas, las hay" –comenta Virginia.

–Puedes reírte, si quieres, pero, ¿cómo explicas tú la **desaparición** de Clara y a esos jinetes encapuchados? –pregunta Elsa.

Virginia se queda en silencio. Mientras, Gregorio y Roberto siguen discutiendo con la mujer. Emilio, de repente, comienza a hablar con una autoridad poco habitual en él:

–Creo que debemos dejarnos de tonterías y avisar a la policía.

Werden an eine bejahte Befehlsform Pronomen angehängt, erhält der Vokal der betonten Silbe der Imperativform ggf. einen Akzent.
¡Levántate!
¡Cómpramelo!
¡Tranquilícese, señora!
¡Explícaselo a la policía!

hacerse *irr* **cargo de algo**	sich um etw. kümmern
alojar	unterbringen
abatido	niedergeschlagen, bedrückt
lograr	schaffen, erreichen
hada *f*	Fee
burlón, burlona	spöttisch, höhnisch

–Emilio tiene razón –dice Virginia–. A ver, señora, ¿dónde podemos hablar con la policía?
–La policía no puede hacer nada contra ciertas cosas…
–Vamos a ver… Ah, ahora parece que mi móvil sí tiene cobertura –dice Emilio–. Sí, hola, buenas tardes. Es algo urgente. Somos un grupo de peregrinos. Una amiga ha desaparecido en la Ermita… ¿Cómo se llamaba? –pregunta Emilio a Elsa–. Ah, sí, la Ermita das Ánimas. Muy bien, muchas gracias.
Cuando termina de hablar, Emilio sonríe:
–Dice que estarán aquí en veinte minutos, nos llevarán a Santiago y comenzarán inmediatamente a buscar a Clara.
Poco después, llega una furgoneta de la policía municipal. Un agente, con cara de mal humor, les pregunta qué ocurre. Elsa se lo explica todo. El policía, entonces, decide:
–De acuerdo, nosotros **nos hacemos cargo del** asunto. ¿Dónde estáis **alojados**?
–En ningún sitio. Estábamos haciendo el Camino de Santiago –explica Elsa.
–De acuerdo. Creo que entonces lo vais a terminar en coche. Os llevaremos a un albergue en Santiago. Posiblemente tendremos que llamaros a declarar.
A la mañana siguiente, y después de pasar la noche en un albergue, los amigos se reúnen. Todos están **abatidos**. La policía aún no **ha logrado** encontrar a Clara. Entonces, Elsa tiene una idea.
–Tengo una idea sobre alguien que quizás puede ayudarnos.
–¿Quién? ¿Algún **hada** buena? –pregunta Virginia **burlona**.
–No, un profesor.

convencer *irr*	überzeugen
prestigioso	angesehen
despacho *m*	Büro, Sprechzimmer
recorrer	entlanggehen, -laufen, durchqueren

–¿Un profesor? –preguntan Virginia y Emilio sorprendidos.
–Sí, se llama Miguel Ángel Lemus y es un gran especialista en Historia del Arte. Quizás puede explicarnos algo de esa ermita.
–Ah, sí, el profesor Lemus, he leído cosas de él –dice Gregorio.
–No sé cómo podría ayudarnos él a encontrar a Clara –dice Roberto, hablando entre dientes.
–Roberto, no perdemos nada por ir allí... –intenta convencerlo Gregorio.
–Está bien –dice Roberto–. Pero yo habría preferido quedarme junto a la ermita hasta que encontrasen a Clara. Nunca me perdonaré haberme ido como un cobarde.
–¿Estás diciendo que somos todos unos cobardes? –pregunta Virginia, pero Roberto no contesta.
Los cinco amigos caminan hacia la Universidad de Santiago, una de las más prestigiosas y antiguas de España, pues fue fundada en 1495. Elsa le pide el móvil a Emilio para llamar al profesor.
–Hola, Miguel Ángel, ¿qué tal? ¿Estás[i] en tu despacho? ¿No? ¿Y dónde? Ah, sí, la Rectoría, ¿qué haces allí?
Después de terminar la llamada, Elsa explica a sus amigos:
–Está en la Rectoría de la Universidad, en la Plaza del Obradoiro...
–¿Allí? Vaya, yo pensaba llegar allí después de recorrer el cami-

In Spanien wird weitaus häufiger geduzt als in Deutschland. Unter Gleichaltrigen, Kollegen, Bekannten und Freunden ist das *tú* nahezu ein Muss. Es ist allerdings unverbindlicher als das deutsche „du" und drückt nicht automatisch eine innige Nähe der Gesprächspartner aus. Unbekannte spricht man am besten erst einmal mit *usted* an. Wird man selbst vom Gegenüber geduzt, kann man ebenfalls auf das *tú* umschwenken.

no a pie... –dice Roberto decepcionado.

decepcionado	enttäuscht
contemplar	betrachten
calvo	glatzköpfig, kahl

–Podemos hacer un trato. No entrar en la catedral hasta después de encontrar a Clara y de andar el tramo del camino que nos falta –propone Elsa.

–De acuerdo –aceptan todos.

En la Plaza del Obradoiro los amigos contemplan sorprendidos la Catedral de Santiago de Compostela. En la Plaza del Obradoiro se halla el kilómetro cero de los diferentes caminos a Santiago. Al oeste está el Palacio de Rajoy, edificio de estilo neoclásico, construido en el siglo XVIII y que, actualmente, es la sede de la Xunta, el gobierno regional de Galicia.

Frente a este puede verse el Colegio de San Jerónimo, también llamado Colegio de Artistas, y que originalmente era un colegio mayor destinado a los estudiantes sin recursos. Actualmente alberga el Rectorado de la Universidad de Santiago.

Ejercicio 6: Participios. Bilden Sie die Partizipien!

1. sorprender ______________________
2. construir ______________________
3. llamar ______________________
4. terminar ______________________
5. contemplar ______________________
6. decepcionar ______________________

Los estudiantes llegan al despacho del profesor Miguel Ángel Lemus. Es un hombre de unos cuarenta años, calvo y con gafas, vestido elegantemente y que recibe a Elsa con una alegre sonrisa. Ambos se conocen bien y se **tutean**.

–¡Qué sorpresa, Elsa! No esperaba verte. Desde que te fuiste a terminar tus estudios a Madrid no hemos sabido nada de ti.

tutear	duzen
¿Por quién me tomas?	Für wen hältst du mich?
halagado	geschmeichelt
exagerar	übertreiben
magnífico	ausgezeichnet, großartig
obstáculo *m*	Hindernis

–Sí, es que en Madrid se pasa el tiempo volando, no hay tiempo ni para escribir a los amigos.

–Bueno, ¿y qué te ha traído por aquí?

Elsa le cuenta con detalle lo del Camino de Santiago y la extraña desaparición de Clara.

–Mmm… La Ermita das Ánimas…

–¿Habías oído hablar de ella? –pregunta Roberto.

–¡Claro que sí! ¿**Por quién me tomas**?

–Lo siento, perdona. ¿Cómo no iba a conocer esa ermita el mayor especialista de arte románico de España?

Ahora Miguel Ángel se ríe, **halagado**.

–No **exageres**, no soy el mayor especialista de España, ni siquiera de Galicia, pero esa ermita sí es conocida por los amantes del arte medieval. Tiene unas pinturas románicas **magníficas**. Lamentablemente, está dentro de una finca privada, y su dueño pone todos los **obstáculos** posibles para evitar la entrada en ella.

–¿Obstáculos como jinetes encapuchados y que disparan flechas?

–¿Cómo dices? ¿Estás de broma?

Elsa parece querer decir algo, pero no se atreve:

–¿Qué piensas de la leyenda de la Santa Compaña?

Miguel Ángel ríe:

–Esa leyenda…, cuentos de viejas. Aunque el refrán dice "no

creo en las brujas, pero de haberlas, las hay", yo no creo en esas cosas.

ocurrírsele una idea a alguien	eine Idee haben
retirado	in Rente, pensioniert
comarca *f*	Gegend, Landkreis
enviar	(zu)senden

–¿Cree que la policía encontrará a Clara? –pregunta Roberto.

–No estoy tan seguro. Pero, ¡**se me ocurre una idea**! No sé cómo no lo pensé antes. Tengo un amigo que quizás puede ayudaros. Se llama Raimundo Vaqueira, un detective **retirado** que vive en el pueblo de Tuy. Él conoce a todo el mundo en esa **comarca**, mucho mejor que ningún otro policía.

–Eso parece interesante –dice Elsa–. ¿Puedes darme su dirección en Tuy?

Miguel Ángel escribe la dirección en un papel. Luego parece recordar algo y busca entre unos libros:

–¡Ah! Quería darte esto, iba a **enviártelo** a Madrid, pero no sabía tu dirección –le dice, a la vez que le da un libro.

–'Guía mágica de Galicia (i)' –lee Elsa sobre la cubierta del libro.

–Para que no te olvides de tu tierra –dice el profesor.

–¡No me olvido! –exclama Elsa–. Mi amiga Virginia puede confirmártelo.

A la salida de la Rectoría, los cinco amigos están algo más optimistas.

–Te debo una disculpa, Elsa –dice Roberto–. No sé si ese detective nos ayudará en algo, pero será mejor que estar sin hacer nada.

Mit seinem auf die keltischen Vorfahren zurückgehenden magischen Volksglauben und seinen Bräuchen erinnert Galicien in so manchem eher an Irland. Flamenco-Gitarren sucht man in Spaniens Nordwesten vergebens. Hier erklingt die Gaità – ein Dudelsack.

–No tienes que disculparte por tu reacción, Roberto. Es normal, estamos todos muy preocupados por Clara.

3 Un detective pescador y un millonario jugador

Tras un viaje de una hora y media en autobús, los estudiantes llegan a Tuy, bella población en la frontera con Portugal. Tuy es una de las ciudades más antiguas de Galicia, anterior a la conquista romana. Está situada en la comarca de las Rías Baixas, famosa en toda España por sus mariscos. Los amigos bajan en la estación junto a la Plaza Nueva del Mercado.

–Según Miguel Ángel, Raimundo vive en la Rúa dos Peixes, que está en el centro de Tuy –dice Elsa.

–Qué bien. Así, de paso vemos algunos monumentos –comenta Gregorio, que nunca olvida su amor por la Historia.

–Oiga, señora, ¿la Rúa dos Peixes? –pregunta Virginia a una anciana, que se queda extrañada, y luego le indica:

–Ah, sí, todo recto, calle arriba –dice señalando con la mano.

–Vaya, parece que esa mujer se sorprendió por tu pregunta –comenta Virginia.

–Es que por aquí la gente habla más en gallego que en castellano –explica Elsa–. Aunque de todos modos Tuy es una pequeña ciudad. Hay pueblos donde prácticamente solo se habla gallego.

–Bueno, vamos calle arriba. Parece que esa calle está en lo alto de una colina –dice Roberto–. Hay que seguir caminando.

pescador/a *m/f*	Angler(in)
conquista *f* romana	römische Eroberung
mariscos *m pl*	Meeresfrüchte
de paso	nebenbei, bei der Gelegenheit
colina *f*	Hügel

En efecto, la parte más antigua de Tuy está sobre una pequeña colina. Los estudiantes llegan junto a la catedral de Santa María de Tuy, una imponente construcción de estilo románico, con torres almenadas y pasadizos.

–Vaya, parece más un castillo que una iglesia –comenta Virginia, sorprendida.

–Es que antiguamente la catedral servía también como fortaleza. No olvidéis que estamos en la frontera. Desde esa torre que se llama Torreón de los Soutomaior, puede verse todo el valle del Miño y Portugal.

torres *f pl* almenadas	zinnenbesetzte Türme
vaya	na so was
pasadizo *m*	Durchgang
fortaleza *f*	*hier*: Festung
humilde	bescheiden; einfach
impaciente	ungeduldig

–Parece que Tuy antes era una ciudad más importante que ahora.

–Sí, era una de las siete capitales del Reino de Galicia y tenía un importante puerto. Pero desde el siglo XIX mucha gente humilde tuvo que emigrar a América, como en toda Galicia.

–¿Y por aquí vive Vaqueira? –pregunta Virginia, algo impaciente.

–Sí, es por aquí cerca –dice Roberto, que tiene un mapa.

Por fin llegan a la Rúa dos Peixes, número diecisiete y llaman a la puerta. Nadie contesta. Una mujer que está limpiando el suelo delante de la puerta de su casa, les pregunta:

Ejercicio 7: Pronombres interrogativos. Lesen Sie weiter und setzen Sie das passende Fragewort ein!

dónde quién qué cómo

-¿A **1.** ______ buscáis? -pregunta la mujer, tuteando a los chicos.

–¿Vive aquí Raimundo Vaqueira? –pregunta Gregorio.
–Sí, pero no está.
–¿Y **2.** ________ podemos encontrarlo? –pregunta Virginia.
–¿Y **3.** ________ quieres que lo sepa?
Virginia se ríe en voz baja y comenta a Gregorio:
–Eso es "responder a la gallega". Se dice que los gallegos siempre responden con otra pregunta...
Gregorio sonríe, pero la mujer la ha oído:
–Oye, chica, ¿ **4.** ________ dices?

hacer *irr* caso	beachten; gehorchen
suponer *irr*	annehmen, vermuten
pescar	fischen, angeln

Elsa interviene:
–No haga usted caso a mi amiga. ¿No tiene idea de dónde está Raimundo? Es un asunto importante.
–Supongo que está pescando. Ese hombre se pasa los días en el río.
–¿Y cómo podemos encontrarlo?
–Pues por ahí cerca del Puente Internacional. Pero no del nuevo, sino del antiguo.
–Muy bien, muchas gracias por la información.
–Todo este camino para nada. Tu amigo Miguel Ángel debió darnos el número de móvil de ese hombre o debió decirle que veníamos –comenta Virginia.
–No sé si tiene móvil. Miguel Ángel dice que Raimundo lleva una vida muy sencilla –contesta Elsa.
–Sí, muy sencilla pero... ¿vivir sin móvil?
–Aunque no lo creas, es posible –dice Roberto con ironía.
Virginia lo mira sorprendida. Desde la desaparición de Clara,

Roberto ya no es el mismo. Antes era el líder del grupo, ahora apenas habla, y parece ausente de lo que le rodea.

Ejercicio 8: Preposiciones. Lesen Sie weiter und füllen Sie die Lücken mit den folgenden Präpositionen!

al | desde | para | por | entre | después de

1. ______ un buen rato de caminata, llegan 2. ______ Puente Internacional. Este puente une las dos **orillas** del Miño, río que 3. ______ hace siglos sirve como frontera 4. ______ España y Portugal. El puente fue **diseñado** 5. ______ Pelayo Mancebo, un arquitecto discípulo de Gustave Eiffel, 6. ______ **unir** Tuy con Valença do Minho, la ciudad portuguesa al otro lado de la frontera.

–Yo no veo a nadie por aquí –comenta Gregorio–. Quizás esa mujer nos ha **engañado**.
–Sí, allí hay un hombre –dice Roberto, señalando una mancha verde oscura.
–¡Qué **vista** tienes! –exclama Virginia sorprendida–. Casi no se le ve entre las plantas de la orilla del río…

orilla *f*	Ufer
diseñar	entwerfen
unir	vereinen, verbinden
engañar	betrügen
vista *f*	*hier*: Sehkraft
bulto *m*	*hier*: Bündel
impermeable *m*	Regenmantel

Los estudiantes se acercan algo nerviosos. En efecto, el **bulto** de color verde oscuro es un hombre con un **impermeable** de ese color, sentado sobre un tronco de árbol y que, completamente inmóvil, sujeta una caña de pescar.

–Esto me da mala espina... –susurra Emilio a Virginia–. No sé si deberíamos molestarle.

Elsa se adelanta decidida:

–Perdone, señor, ¿es usted don Raimundo Vaqueira?

El hombre se da la vuelta. Debajo de la capucha del impermeable los estudiantes ven el rostro de un hombre con largas barbas grises y unos profundos ojos marrones.

–¿Y quién eres tú, moza?

–Me llamo Elsa Carballido. Un amigo me habló de usted. Me dijo que era el mejor detective de Galicia. i

tronco *m*	Stumpf, Baumstamm
caña *f* de pescar	Angelrute
Esto me da mala espina.	Ich habe kein gutes Gefühl dabei.
molestar	belästigen, stören
adelantarse	vorauseilen
decidido	entschlossen
darse *irr* la vuelta	sich umdrehen
capucha *f*	Kapuze
rostro *m*	Gesicht
insistir	bestehen auf, insistieren

–¡No soy detective! –grita el hombre, de repente muy enfadado–. ¡No me molesten con tonterías! ¡Déjenme pescar en paz!

–No queríamos molestarlo, señor, pero se trata de un caso grave. Una amiga ha desaparecido...

–Bueno, pues para eso está la policía, ¿no?

–La policía la está buscando, pero no la ha encontrado. Desapareció en circunstancias muy extrañas...

–Eso explícaselo a la policía, yo no tengo por qué escucharte.

–Vámonos, Elsa, no sirve para nada insistir –dice Emilio.

Raimundo ist noch immer der beste Detektiv Galiciens. Das Imperfekt besagt hier nicht, dass sich dies geändert hat. Steht das Verb des Sagens in einer Vergangenheitszeit, wird in der indirekten Rede aus dem Präsens der direkten Rede ein Imperfekt.

–No, espera, no me voy hasta que no diga lo que tengo que decir –Elsa se vuelve otra vez hacia el detective:

–Clara desapareció en la Ermita das Ánimas. Ya sé que no debimos entrar, es una finca privada…

Raimundo, de repente, escucha con atención:

–¿Sí? –pregunta a Elsa, animándola a continuar.

–Pero nos expulsaron unos jinetes encapuchados, que incluso nos dispararon con una ballesta.

–¿En serio? –pregunta Raimundo sorprendido.

–¡Se lo juro! Aunque quizás solo para asustarnos, pues afortunadamente nadie resultó herido.

–La Ermita das Ánimas…

–Está cerca de Cordeiro –interviene Roberto.

–Sé dónde está. En una finca propiedad de Manuel Louzán.

–¿Quién es Manuel Louzán? –pregunta Roberto.

–Eso no importa ahora… –dice Raimundo.

–Me parece que sí… –insiste Roberto.

–Es un empresario, uno de los hombres más ricos de las Rías Baixas. Tiene fábricas de conservas, cultivos de albariño…

–¿Albariño? –pregunta Virginia.

–Es el vino típico de las Rías Baixas –explica Elsa.

–¿No sabes lo que es el albariño? –dice Raimundo, a quién le parece muy extraña la pregunta de Virginia.

–Es que Virginia es de Madrid –explica Elsa, ahora a Raimundo.

–Ah, bueno… –dice Raimundo con una sonrisa que a Virginia le parece compasiva.

volverse *irr* (hacia)	sich (zu jdm./etw.) umdrehen
expulsar	vertreiben
en serio	im Ernst
jurar	schwören
empresario/a *m/f*	Unternehmer(in)
cultivo *m*	Anbau
albariño *m*	Weißwein aus Galicien
compasivo	mitfühlend

–¿Qué más sabe usted de Manuel Louzán? –pregunta Roberto.
–Mucho preguntas tú, joven. ¿Es que lo conoces?
–No, pero por el tono de su voz creo que hay algo más sobre él.
–Bueno, simplemente se rumorea, o más bien es algo que sabe todo el mundo, que ese hombre **participa en** negocios oscuros…

Ejercicio 9: Gerundio. Bilden Sie das Gerundium! Achten Sie auf unregelmäßige Formen!

1. preguntar ____________________
2. explicar ____________________
3. insistir ____________________
4. tener ____________________
5. saber ____________________
6. ir ____________________

–¿Negocios de qué tipo?
–Bueno, de qué va a ser, de **narcotráfico**. Aquí, en las Rías Baixas, en la Ría de Arousa, **por desgracia** hay mucho tráfico de drogas. Son muchos kilómetros de costa difíciles de **vigilar**, y siempre ha habido mucho **contrabando**. Es una pena, en una zona tan hermosa muchas personas están **corrompidas** por el dinero de la droga…
–¿Pero tiene **pruebas** de que Louzán participa en ese negocio?

participar en	an etw. teilnehmen
narcotráfico *m*	Drogenhandel
por desgracia	leider
vigilar	bewachen
contrabando *m*	Schmuggel
corrompido	korrupt
prueba *f*	Beweis

–sigue preguntando Roberto.
–Sí, las tengo, y en su momento las presenté a las autoridades…
–¿Y qué pasó? –pregunta Roberto.
–Nada…, ya he dicho que aquí hay mucha gente que **ha caído** en la corrupción por el dinero de la droga. Me dijeron que las pruebas no eran suficientes. Además, empecé a tener problemas con el director de la policía en Pontevedra. Dijeron que yo no hacía bien mi trabajo, que no hacía lo suficiente en la lucha contra la droga y acusaba a personas inocentes…
–¿Y era cierto? –pregunta Virginia.
–¡Por supuesto que no! Estoy seguro de que Manuel Louzán usó su influencia e hizo que al jefe de Pontevedra le llegaran informaciones falsas sobre mí. Me empezaron a hacer la vida imposible, y finalmente decidí **retirarme**. Hay criminales demasiado poderosos, contra los que un detective humilde como yo no puede hacer nada. Lo siento, chicos, no soy un James Bond, creo que os han informado mal sobre mí.
–Yo no lo creo –dice Roberto con voz clara y fuerte–. Creo que es a usted precisamente a quien necesitamos. Clara desapareció en la finca de Manuel Louzán. Debe llevarnos a ver a Louzán y **exigirle** que nos ayude a encontrarla, como sea.
Raimundo Vaqueira **reflexiona** durante unos minutos. Finalmente se decide:
–De acuerdo, me habéis convencido. Es cierto que **tengo una cuenta pendiente con** Louzán y, además, me **preocupa** qué ha podido pasarle a vuestra amiga.

caer(se) *irr*	fallen
retirarse	*hier*: in Rente gehen; sich zurückziehen
exigir (algo de alguien)	(etw. von jdm.) verlangen, (jdm. etw.) abverlangen
reflexionar	nachdenken
ϟ **tener** *irr* **una cuenta pendiente con alguien**	mit jdm. noch eine Rechnung offen haben
preocupar(se)	(sich) Sorgen machen, beunruhigen

Raimundo comienza a recoger su caña y su equipo de pesca.
–Vamos a mi casa, desde ahí llamaremos a Louzán.
Los chicos entran en el coche todoterreno del señor Vaqueira, que los lleva a su casa, pasando por el centro.

equipo *m* de pesca	Angelausrüstung
coche *m* todoterreno	Geländewagen
aparcar	(ein)parken
viga *f*	Balken
chimenea *f*	Kamin
gruñir	grunzen, knurren

–¿Habéis visto la catedral?
–Sí, ¡es impresionante! –comenta Gregorio.
–No es como la de Santiago, pero vale la pena pasarse por Tuy –confirma Raimundo, sonriendo–. Además, aquí se come muy bien por poco dinero.

Ejercicio 10: Adverbios. **Bilden Sie die Adverbien!**

1. preciso ____________________
2. inocente ____________________
3. final ____________________
4. urgente ____________________
5. normal ____________________
6. completo ____________________

Raimundo aparca el coche junto a su casa. Es una típica casa de piedra gallega, con vigas de madera y chimenea. Llama a la puerta pero nadie abre. Gruñendo, saca la llave.
–Vaya, Maruxa parece que no está, habrá ido a la casa de la vecina, como siempre…

–¿Quién es Maruxa? –pregunta Virginia con curiosidad.
–¿Quién va a ser? Mi esposa –contesta Raimundo.
Ya en la casa, Raimundo busca una agenda y marca un número.
–Sí, buenos días. ¿Podría hablar con el señor Louzán? ¿No está? ¿Y dónde está? Ah, bueno... Muy bien, no se preocupe.
Raimundo **cuelga** el teléfono.
–¿Qué pasa? –pregunta Roberto, curioso.

colgar *irr*	*hier*: auflegen
lujoso	luxuriös
vigilado	bewacht
aparcamiento *m*	Parkplatz
valioso	wertvoll

–Vamos al coche de nuevo. Está en el Casino de la Toja.
–¡Vaya! Parece que hay gente que no sabe en qué gastar el dinero –comenta Elsa.
–Tienes razón –dice Raimundo.
El Casino de la Toja es el lugar de juego más **lujoso** de Galicia. Está situado en la isla de La Toja – 'A Toxa' en gallego – muy cerca de la playa de A Lanzada y de Vilagarcía de Arousa. Para llegar a la isla hay una carretera, **vigilada** siempre por dos guardias.
–Es para que nadie robe en el casino y pueda escapar –explica Elsa.
Al llegar con su coche, un guardia le pregunta a Raimundo:
–Buenos días. ¿Qué quiere?
–Vamos a visitar a un amigo en el casino.
El guardia mira con desconfianza la ropa de los chicos y luego acepta:
–Bueno, venga, pase.
Cuando entran en el casino, los chicos se explican esta mirada. Ya en los **aparcamientos**, solo hay coches de lujo, y dentro, relucen **valiosas** joyas en los cuellos de las mujeres y los hombres llevan elegantísimos trajes.

En una mesa junto a la ruleta, ríe sonoramente un hombre gordo, con un elegante traje verde. De repente, al ver a Raimundo, deja de reír por la sorpresa:

mala suerte *f*	Pech
vicio *m*	Laster
patrimonio *m* público	Gemeingut
maleducado	flegelhaft, schlecht erzogen
acudir (a)	*hier*: sich wenden an; sich einfinden

–¡Hombre, Raimundo, qué haces aquí!

–Hola, Louzán. ¿Desde cuándo somos amigos para que me tutees?

–No te enfades. ¿Qué pasa, no pescaste ningún pez hoy?

–Por ahora, todavía no he pescado el pez que querría.

–Pues **mala suerte**. ¿Por qué no pruebas la ruleta? Quizás tengas más suerte…

–No tengo ese **vicio**.

–Tú te lo pierdes. Y quiénes son estos chicos. ¿Tus sobrinos?

–No, son unos peregrinos, que por curiosidad entraron en tu finca.

–Ajá, qué curiosos. ¿No saben leer los carteles que dicen 'Propiedad privada'?

–Pues sí, pero queríamos conocer la Ermita das Ánimas, que debería ser **patrimonio público** y cuya entrada está cerrada –dice Roberto.

Manuel Louzán se queda mirando un momento a Roberto.

–Bueno, ¡qué chico más impertinente! Sí, la entrada a la ermita está prohibida, porque hay pinturas muy valiosas y no quiero que entren jóvenes **maleducados** y las llenen de graffiti. Y, por otra parte, si queríais entrar, habríais podido avisarme y os lo habría permitido con mucho gusto.

–Está muy bien saberlo, pero ahora mismo nuestra amiga Clara ha desaparecido y queremos encontrarla –dice Roberto.

–¿Y no **habéis acudido** a la policía?

Ejercicio 11: Formas del verbo. **Unterstreichen Sie die richtige Variante!**

1. Cuando los chicos llegaron al casino encontraban / encontraron a Manuel Louzán jugando a la ruleta.
2. Virginia no sabía / supo qué es el albariño.
3. Al guardia del casino no le gusta / guste la ropa de los chicos.
4. Según Vaqueira, Manuel Louzán hizo / haría llegar al jefe de policía informaciones falsas sobre él.
5. ¿ Tuviste / Tuvistes suerte en la ruleta?

–Sí, claro, pero hasta ahora no han encontrado a nadie.
–Pues tened paciencia.
–Tenemos paciencia, pero nos parece muy extraño que haya desaparecido así... –continúa Roberto.
–Y, sobre todo, ¡que nos hayan atacado unos jinetes encapuchados! –exclama Elsa, que había estado callada hasta entonces.
–Pero, ¿qué dices, muchacha? ¿Qué jinetes encapuchados?
–¡Unos jinetes con antorchas!
Manuel Louzán empieza a reírse, acompañado de sus amigos.
–¿Habéis oído? Esta chica cree en la Santa Compaña...
Todos ríen.
–¡No es cosa de risa! ¡Nos dispararon con una ballesta!
Los amigos de Louzán ríen aún más fuerte.
–¡Con una ballesta! –dicen, colorados por la risa.

acompañar	begleiten
colorado	*hier*: rot; farbig

Entonces, Raimundo Vaqueira interviene con tono grave:

–Oye, Louzán, esto es **serio**. No sé qué negocios sucios te **traerás entre manos**, pero no permitiré que por eso tenga que sufrir una chica inocente.

Louzán responde igualmente muy serio:

–Aquí el único sucio que hay eres tú, Raimundo Vaqueira, que hueles a vaca, y tus amigos también. Habéis interrumpido una partida muy interesante, y creo que es mejor que os vayáis con vuestras leyendas a otra parte.

serio	ernst
ϟ **traer** *irr* **algo entre manos**	etw. Im Schilde führen
ϟ **de mala gana**	widerwillig, ungern
entrega *f*	Lieferung
encargarse de algo	sich um etw. kümmern

Unos guardias uniformados vienen entonces y les piden a los chicos que se vayan. Ellos aceptan **de mala gana**. Cuando van a salir, Roberto dice que tiene que ir al baño, pues ve que Manuel Louzán ha entrado en los aseos.

Estando en el baño, escucha a Manuel Louzán, que está hablando por teléfono.

–Sí, la **entrega** donde siempre. Sí, ahí, en la Cova das Pedras Negras. Sí, no te preocupes, nos **encargaremos de** eso.

4 Compañías nada santas

Roberto cuenta a Raimundo y a sus amigos lo que ha escuchado. Raimundo reflexiona y luego dice:

–Debemos hacer un plan. Vamos a volver a la Ermita das Ánimas.

–¿Seguro que es una buena idea? –pregunta Emilio, **temblando**.

–No queda otra opción. Creo que Clara aún se encuentra ahí, no sabemos en qué estado.

–Estoy de acuerdo con Raimundo –afirma Roberto con decisión–. Si alguien tiene miedo, no tiene por qué venir.

–Yo no tengo miedo... –afirma Emilio sin mucha **convicción**.

–De todos modos no podemos ir así. Debemos llevar armas –afirma Raimundo.

Raimundo lleva a los chicos a su casa. Lo recibe una mujer de unos cincuenta años, que se le **acerca** sonriente a darle un beso.

temblar *irr*	zittern
convicción *f*	Überzeugung
hogar *m*	Heim
cotillear	tratschen
ir *irr* **de caza**	auf die Jagd gehen
ir *irr* **a por algo**	etw. holen gehen
cobertizo *m*	Schuppen

–Mmm, **hogar**, dulce hogar. ¿Ya volviste de **cotillear**, Maruxa? –pregunta Raimundo.

–No es cotillear, es simplemente que me intereso por los vecinos –contesta ella.

–Bueno, es otra forma de decirlo. Oye, voy a **ir de caza** con unos amigos, **vamos a por** las armas al **cobertizo**.

Ejercicio 12: Oveja negra. Welches Wort ist das „schwarze Schaf"? Unterstreichen Sie!

1. llevar hogar molestar interesar ir
2. en de no sobre por
3. nunca siempre hacia a veces ahora
4. carcajada encapuchado caza caña pesca
5. dulce alegre mujer preocupada corrupta
6. bueno mayor mejor peor malo

Raimundo los lleva a una pequeña **cabaña**, donde cuelgan **rifles**. Da uno a Roberto, otro a Gregorio y queda uno libre.

Virginia dice:

–¡Uy, yo no sé cómo **manejar** eso!

–Yo tampoco… –dice Emilio.

–A ver, dame a mí –pide Elsa con decisión.

cabaña *f*	Hütte
rifle *m*	Gewehr
manejar	umgehen mit, handhaben
empujar	stoßen, drücken

Después de cargar los rifles se ponen en camino. Roberto hace de guía y llegan a la valla con el cartel de 'Propiedad privada'. Raimundo estaciona el coche. Emilio y Virginia se quedan dentro del coche. Los demás salen y saltan la cerca. Se dirigen a la ermita y entran.

En la ermita hay un silencio absoluto. Bajan la escalera e intentan abrir la puerta. Al principio no pueden pero, **empujando** a la vez Gregorio, Roberto, Raimundo y Elsa, la puerta se abre. Está todo oscuro y Raimundo tiene que encender una linterna. Allí ven una mesa y varias cajas de cartón.

–Qué curioso –comenta Gregorio–. Parece que en esta cripta se hacen cosas muy extrañas.
–Sigamos adelante. Parece que hay un pasadizo allí –dice Raimundo.

trepar	hinaufsteigen, klettern
pradera *f*	Wiese
manada *f*	Herde
apuntar	*hier*: zeigen auf, zielen auf

Los amigos y Raimundo caminan por un larguísimo pasadizo lleno de humedad.
–¿Adónde irá[i] a parar esto? –se pregunta Elsa, algo asustada.
Tras caminar unos diez minutos por el pasillo, de repente ven una luz que viene de arriba.
–Por ahí hay una salida –dice Roberto.
En efecto, hay un hueco en el techo. Roberto, con ayuda de Gregorio, **trepa** por las piedras y sale al exterior. Luego da la mano a Elsa, a Gregorio y finalmente a Raimundo. Se encuentran en una **pradera**, en la que hay dos caballos sueltos.
–¿De quién serán estos caballos? –pregunta Gregorio.
–Por aquí hay **manadas** de caballos sueltos, casi salvajes, pero que tienen dueño –explica Raimundo–. Seguramente son de Louzán.
–¿Habéis oído eso? Se oyen voces –dice Gregorio alarmado.
De repente ven llegar a lo lejos dos jinetes encapuchados.
Roberto **apunta** con su rifle y Elsa también. Gregorio, tras dudarlo, carga su rifle y apunta a los jinetes. Raimundo no se mueve.
–Creo que es inútil. Mirad –dice, señalando hacia otro lado, por

> Das Futur dient nicht nur zur Beschreibung künftiger Handlungen oder Ereignisse, sondern wird häufig auch dazu verwendet, Zweifel oder Unsicherheit auszudrücken.
> *¿Adónde irá a parar esto?*
> Worauf das wohl hinausläuft?
> *¿De quién serán estos caballos?*
> Wem gehören wohl diese Pferde?
> *¿Cuánto costará este coche?*
> Wie viel dieses Auto wohl kosten mag?

donde vienen cinco jinetes–. No podremos con todos.

–¡Vámonos! –grita Gregorio, pero ni Roberto ni Raimundo se mueven.

–No, vamos a ver quiénes son –dice el detective.

Entonces llegan los jinetes encapuchados. Uno de ellos lleva una ballesta pero el otro tiene una pequeña **ametralladora**.

–¡Las armas al suelo! –grita el de la ametralladora, apuntando.

–De acuerdo –dice Raimundo, vencido, y tira el rifle al suelo.

ametralladora *f*	Maschinengewehr
atar	festbinden
cuerda *f*	Schnur, Strick
mordaza *f*	*hier*: Knebel
descender *irr*	(her)absteigen, herunterkommen
atado	gefesselt, festgebunden
lancha *f*	Boot, Kahn; Motorboot
alta mar *f*	hohe See, offenes Meer
curiosidad *f*	Neugier
amenaza *f*	Drohung
callar(se)	schweigen, verstummen
impacientarse	die Geduld verlieren

–¡Así me gusta! –exclama uno de los jinetes–. Y, ahora, ¡andando!

–Espera un momento –dice el otro–. Hay que hacer las cosas bien.

El jinete baja, **ata** con **cuerdas** las manos de Raimundo y de los estudiantes y les tapa la boca con una **mordaza**. Luego caminan por la pradera, que va **descendiendo** hacia el mar. Llegan a una cueva.

–Más pesca traemos aquí. No sé qué vamos a hacer con tanta gente –dice uno de los jinetes.

En la cueva está Clara, **atada** a una silla. El corazón de Roberto da un salto al verla de nuevo con vida.

–Bueno, ahora tenemos que esperar lo que diga el jefe –dice uno de los jinetes.

Un rato después llega un enorme coche todoterreno, del que baja Manuel Louzán.

–Quitadle la mordaza al viejo –ordena a uno de los jinetes.

–Tienes dos opciones, Raimundo. O juras no decir nada, cerrar la boca y no volver a poner el pie en mi propiedad, y lo mismo vale para tus amigos. O, si no aceptas este trato, os llevaremos en una lancha en alta mar y allí os dejaremos con los peces. Ya nos las arreglaremos para que parezca un accidente.

Raimundo mira a Louzán largo rato. Luego se decide a hablar:

Ejercicio 13: Verbos. Lesen Sie weiter und ergänzen Sie die Endungen der Verben!

-No **1.** entien______ , Louzán, ¿por qué todo?, ¿para qué los jinetes?

Louzán **2.** sonr______ :

-Es una manera cómoda de no **3.** atra____ la **curiosidad** de la gente. La gente de Cordeiro y otros pueblos **4.** sig________ creyendo en la Santa Compañía, y eso **5.** sirv________ más que ninguna **amenaza** para que no **6.** entr________ en mis terrenos.

Raimundo **7.** vuel______ a **callarse**. Louzán **se impacienta**:

-Bueno, ¿qué **8.** dic______? ¿Vas a callarte y no meterte más en mis asuntos, o no? Ya **9.** sab______ que por la boca **10.** muer______ el pez... -dice, y **11.** rí______-. Un pescador como tú **12.** tien______ que saberlo bien...

Raimundo reflexiona, sabe que tiene que ganar tiempo.
–Louzán, deja libres a los chicos, ellos no son **culpables** de nada.
–No, si no prometen antes lo mismo que tú –responde Louzán agresivo.

culpable	schuldig
estar *irr* **para algo**	für etw. aufgelegt sein
sermón *m*	*hier*: dummes Gerede; Predigt, Sermon
mercancía *f*	Ware
helicóptero *m*	Hubschrauber
altavoz *m*, **altavoces** *pl*	Lautsprecher
rendirse *irr*	sich ergeben

–Louzán, somos tú y yo quienes tenemos una cuenta pendiente…
–¿A qué te refieres? –pregunta Louzán.
–Ya sabes a lo que me refiero. Los manejos gracias a los cuales tuve que dejar mi trabajo en la policía de Pontevedra…
Louzán se ríe:
–¿Y acaso no estás mejor ahora, Raimundo? ¿No llevas una vida más tranquila, dedicado a la pesca? ¿Qué te molesta de que yo… haga mis negocios?
–Esos negocios cuestan la vida a mucha gente, Louzán…
–Bueno, no **estoy para sermones** ahora, tengo prisa.
–Ya sé que tienes prisa, estás esperando una entrega de **mercancía**, ¿verdad? –pregunta Raimundo.
Louzán lo mira sorprendido y la sonrisa desaparece de su cara:
–¿Cómo lo sabes?
En ese momento escuchan un ruido sobre sus cabezas. Dos **helicópteros** de la policía nacional se acercan. Uno de ellos desciende mientras suena por un **altavoz**:
–Manuel Louzán, entregue las armas, y también sus compañeros. **Ríndanse** a la policía.
Louzán, muy nervioso, agarra a Raimundo Vaqueira y le apunta con una pistola.
–¡Váyanse! Si no quieren que no quede nadie con vida…
–Señor Louzán, eso le costaría terminar su vida en la cárcel. No

tiene escapatoria... Y la mercancía que estaba esperando ya no llegará...
–¡Maldita sea! ¡Maldito pescador! ¡Malditos estudiantes!
Raimundo aprovecha el nerviosismo de Louzán para desatarse y darle un puñetazo en la cara, que lo hace caer al suelo.
–¡Muy bien! –grita Clara.
Los jinetes, mientras tanto, han huido por el pasadizo. Raimundo desata a sus amigos y a Clara, y luego ata las manos a Louzán, apuntándole con su propia pistola.
Mientras los helicópteros salen a perseguir a los jinetes, una lancha de la policía de La Coruña llega a la playa para detener a Louzán.
Todos los amigos están muy felices de verse libres y de haber encontrado a Clara sana y salva. Todos la abrazan.

escapatoria *f*	Entrinnen
desatar(se)	(sich) losbinden
puñetazo *m*	Fausthieb
detener *irr*	festnehmen, verhaften

Ejercicio 14: Contrarios. Übersetzen Sie die folgenden Wörter und tragen Sie das Gegenteil auf Spanisch ein!

1. atar ____________ ≠ ____________
2. culpable ____________ ≠ ____________
3. sano ____________ ≠ ____________
4. encontrar ____________ ≠ ____________
5. cobarde ____________ ≠ ____________
6. acercarse ____________ ≠ ____________
7. por desgracia ____________ ≠ ____________

localizador *m* **vía satélite**	GPS-Gerät
sospecha *f*	Verdacht
olla *f*	Topf
tapa *f*	Deckel
abundante	ausgiebig, üppig, reichlich vorhanden
pulpo *m*	Tintenfisch
sonrojarse	erröten
descorchar	entkorken
brindis *m*	Trinkspruch, Toast

Esa noche, Raimundo invita a cenar a los jóvenes peregrinos. Sentados a la mesa, Elsa dice a Raimundo:

–Todavía no me explico cómo pudo encontrarnos la policía en un sitio tan escondido.

Raimundo se ríe.

–Cuando fuimos al cobertizo por los rifles, también me traje un arma más útil –dice Raimundo, mientras se levanta y va a un armario por un aparato.

–Es un **localizador vía satélite**, que transmite además sonidos. Con él, la policía sabía en cada momento en dónde estábamos…

–Yo tenía la impresión de que la policía no haría nada, que estaban vendidos a Louzán…

–También yo tenía mis **sospechas**, por eso recurrí a la policía de La Coruña. Conozco al comisario de allí, y sé que él no conocía a Louzán. Gracias a eso pudieron ayudarnos.

En ese momento llega Maruxa con una gran **olla**.

–Bueno, basta de charla, que se enfría la cena –dice con una sonrisa, a la vez que levanta la **tapa** de la olla donde se ve un **abundante pulpo** con pimentón.

–Mmm… Pulpo a la gallega, mi plato preferido –dice Elsa.

Maruxa reparte la cena entre todos los amigos.

–Riquísimo.

–Delicioso…

–Pues de postre hay Tarta de Santiago.

–Desde luego se come muy bien en Galicia –admite Virginia.

–Hablando de Santiago, mañana tenemos que ir a la Catedral… –dice Gregorio.

–Pensaba que habíais ido ya –dice Clara.
–¿Cómo íbamos a ir sin ti? –pregunta Roberto.
–Vaya, gracias... –dice Clara, **sonrojándose**.
–¿Se te ha olvidado que somos un equipo? –pregunta Elsa.
En ese momento Raimundo **descorcha** una botella de albariño y llena las copas.
–Propongo un **brindis**... ¡Por los buenos compañeros!
–¡Y por la Santa Compaña! –añade Gregorio.
–¡No, por eso no! –grita Maruxa.
Todos ríen, y brindan de nuevo por la amistad.

Die *Tarta de Santiago* ist ein traditioneller Mandelkuchen aus Galicien. Die *Tarta* besteht aus einem Rührteig aus Eiern, Zucker, Butter und Mandeln und wird mit Puderzucker abgestäubt. Seit die Konditorei Casa Moro in Santiago de Compostela in den 1920er-Jahren den Traditionskuchen erstmals mit einem Jakobskreuz in der Puderzuckerschicht verzierte, hat sich das markante Kreuz als Erkennungszeichen der echten *Tarta de Santiago* durchgesetzt.

Verano porteño

Iñaki Tarrés

1 Vuelo 537 con destino Buenos Aires

Me llamo Sabina, tengo más de 10 años de experiencia como azafata y me han pasado muchas cosas curiosas. Tengo bastantes anécdotas que contar y siempre tuve mucha suerte. Por ejemplo, estuve en Tailandia y Malasia la semana anterior al tsunami de 2004, y en Bangkok tres días antes de los atentados de 2008, y en Beirut dos días antes de empezar los bombardeos. No sé por qué, me salvo siempre de muchas situaciones peligrosas. Nunca me pasó nada. Solo esta vez pasó algo peligroso, y yo fui protagonista. Es lo que voy a contar ahora aquí.

Ejercicio 1: Opciones. Lesen Sie weiter und unterstreichen Sie die richtige Variante!

Tengo que confesar **1.** que / cuando no sé muy bien **2.** qué / cómo explicarlo. Yo no escribo **3.** mucho / muy frecuentemente. Me gusta la vida: disfrutar, viajar, conocer gente, hablar **4.** con / en todo el mundo, ver cosas nuevas. **5.** No / Sí me da miedo lo desconocido, aunque **6.** también / tampoco busco el riesgo: en mi profesión la seguridad es lo **7.** más / menos importante. Me fascinan en especial **8.** los / las países del sur de Asia, pueden ser peligrosos, pero no me **asustan**, al contrario.

¡Ah!, y nunca hago fotografías: una foto es como un **pedazo** de vida que está muerto, y a mí me gusta la vida. Río mucho, miro directamente a la gente, pregunto cosas inapropiadas en momentos poco oportunos pero nunca recibo una respuesta **desagradable**. Sé que no **molesto** con mis preguntas, porque sé que transmito alegría. **Así que** normalmente no escribo, pero la policía me pide que cuente la historia, y ahora que tengo que hacerlo, no sé muy bien cómo. Voy a escribir como hablo, espero que se entienda todo bien. Si no se entiende, por favor, **envíenme** sus preguntas. Luego les doy la dirección electrónica.

No soy alta, ni delgada, ni tengo un pelo brillante, ni soy especialmente joven, ni soy rubia, mis ojos no son azules y mi **piel** ya no es tan **suave** como antes. **Además**, tengo una **cicatriz** debajo del ojo derecho por una herida que me hice de pequeña, en la casa de mis padres, en el barrio de Florida, en Buenos Aires. Bien, no soy la típica azafata de las películas. Soy una mujer normal, muy normal, de hecho, un poco gordita, creo, y por eso voy de vez en cuando al gimnasio, sin disciplina porque no soy nada disciplinada. **En cambio**, sí tengo mucha intuición con las personas. Me guío por el instinto, y casi nunca **me equivoco**. Sé que atraigo a la gente, y, ¿saben por qué? Porque soy alegre y comunicativa. Necesito a la gente, hablar con la gente, relacionarme. Me gusta mucho

porteño	aus Buenos Aires, zu Buenos Aires gehörig
azafata *f*	Flugbegleiterin
peligroso	gefährlich
asustar(se)	(sich) erschrecken
pedazo *m*	Stück
desagradable	unangenehm
molestar	belästigen, stören
así que	also, sodass
enviar	(zu)senden
piel *f*	Haut
suave	weich
además	außerdem
cicatriz *f*	Narbe
en cambio	demgegenüber, jedoch
equivocarse	sich irren

reír. Casi todos mis amigos viven muy cerca, en el mismo barrio y **hasta** en mi misma calle. No imagino la vida sin ellos. No les digo el nombre de la calle porque no quiero visitas. Solo les puedo decir que es una calle con mucha vida, con muchos **comercios**, restaurantes, bares. Me gusta salir de noche y **encontrarme con** alguno de mis amigos. Ah, y no tengo novio, no lo necesito, estoy bien así.

Ejercicio 2: Indefinido. Setzen Sie die richtige Form der 1. und 3. Person Singular des Indefinido ein!

1. ir	______	______	**4.** estar	______	______
2. ser	______	______	**5.** llegar	______	______
3. venir	______	______	**6.** poner	______	______

Bueno, eso es ahora. Hubo un par de grandes amores en mi vida (perdonen si les cuento un poco de mi vida íntima, pero van a ver que es importante para entender bien la historia). Primero está mi gran amor de la infancia. No les voy a decir el nombre, me han dicho que no puedo poner nombres reales, así que les cuento solo que su nombre empezaba por M. Qué curioso, ahora **me doy cuenta de** que el segundo y el último novio también tienen nombres que empiezan por M. Así que podemos hablar de M1, M2 y M3, etc. El primer M fue un amor total, de los que no se olvidan. Yo era muy joven. Allá, en el barrio de Buenos Aires donde vivía. Todavía tengo contacto

hasta	*hier*: sogar; bis
comercio *m*	Geschäft
encontrar(se) *irr* con/a	treffen auf; sich treffen mit
darse *irr* cuenta de	etw. bemerken

separarse	sich trennen
ciclo *m* (vital)	(Lebens-)Zyklus
pareja *f*	*hier*: Partner; (Ehe-)Paar
ϟ romper con alguien	mit jdm. Schluss machen
tardar en hacer algo	sich Zeit lassen, etw. zu tun, Zeit brauchen
duda *f*	Zweifel
observador/a *m/f*	Beobachter(in)

con él, es periodista, se casó, tiene dos niñas, **se separó** y ahora vive con una chica más joven. Él sí escribe bien. No leo mucho sus artículos, son de política y a mí me interesan más las historias de la gente, sobre todo de la gente famosa (es lo que puedo leer en el vuelo durante las pausas). Lo que más recuerdo de él: su olor. Me enseñó todo sobre los olores. Bueno, todo lo necesario. Si está en una habitación y tengo los ojos cerrados, puedo encontrarlo por el olor.
M2 es el amor con el que he estado más tiempo. La relación duró casi seis años. Él dice que un **ciclo vital** dura normalmente seis años. Al final de cada período cambia de ciudad o de **pareja**. En mi caso, fue de pareja, pero no **rompió** él, rompí yo. A los dos o tres años me di cuenta de que no era el hombre de mi vida, aunque estaba totalmente enamorada de él. **Tardé** otros tres años **en** decírselo y así terminó uno de sus ciclos de seis años con los que fabrica su vida. Qué tontería, la vida no está hecha de ciclos, está hecha de momentos: momentos fantásticos o tristes, momentos de confusión o de desorden, momentos de decisión o de **duda**, así es la vida. Cada uno, digo yo, tiene que vivir sus momentos de la manera más intensa y auténtica posible. Y bien, de él aprendí a conocer el carácter y el estado de ánimo de la gente mirando la ropa que lleva. Era un gran **observador**. Nos sentábamos en las terrazas de los bares de las calles de Madrid a observar a la gente y a inventar sus vidas mirando su forma de vestir, de andar, de mirar. Sí, ya digo, un gran observador.
Luego ha habido unos cuantos emes pequeñitos, pero no hace

sorprender	überraschen, erstaunen
compañía *f* aérea	Fluggesellschaft
desaparecer *irr*	verschwinden
resolver *irr*	lösen

falta hablar ahora de todos. Esos dos son suficientes para decir lo que quiero decir. Algunas compañeras de trabajo se **sorprenden** cuando digo que no tengo pareja. Una chica joven y alegre puede ser perfectamente feliz sin pareja, ¿no creen? Como digo, fue difícil aprender a vivir sola, pero ahora estoy contenta: tengo mucho tiempo para mí, no tengo que hacer cosas que no me gustan. Cuando estoy, estoy, y cuando no estoy, no estoy. Ahora, si veo a un hombre que me gusta, no voy a mirar en otra dirección, ¿no? Bueno, pero ya me dicen que me voy muy lejos en mi relato. Tengo que contar la historia del vuelo 537 de Madrid a Buenos Aires en un Boeing 747. No diré la **compañía aérea** con la que volaba, pero sí que yo iba de pasajera y no como azafata. Es divertido ver trabajar a tus compañeros de trabajo y no tener que...
Bien, lo siento, ya me centro en la historia. Lo voy a decir rápido: **desapareció** un pasajero, nadie sabía dónde estaba y yo lo encontré. Es decir, **resolví** el misterio. A ver si lo explico claramente y se entiende. Ya digo, si no entienden algo, me envían sus preguntas y yo contesto. Mi dirección es... Ah, ¿no puedo dar mi dirección electrónica? Qué lástima.

Ejercicio 3: Comprensión. Sind die Aussagen korrekt? Markieren Sie mit richtig ✔ oder falsch – !

1. Sabina es argentina. ❒
2. A Sabina no le gusta nada su profesión. ❒
3. Sabina ha tenido en su vida solo dos novios. ❒
4. Sabina va a contar lo que le pasó en el vuelo 537. ❒

2 Facturación y embarque

Llegada al aeropuerto. En metro, como siempre. La maleta grande con la ropa de verano (estamos en enero, allá es verano, claro), el **equipaje de mano**, el pasaporte, algo para leer, ¿qué más? No me acuerdo. Hay algo que no llevo: el uniforme de azafata. Cuando entro al aeropuerto, me siento más **ligera** sin él, pero rara, como **desnuda**. Nadie **se fija en** mí. Bueno, sí, se fijan algunos hombres, pero me ven como a una mujer normal, una pasajera más. Veo a otras azafatas entrar por la puerta de personal, 'Staff only', el inglés por todas partes. Veo a algunas azafatas y azafatos que conozco. Uy, perdón, no se dice "azafato" (i), siempre lo digo pero no se dice. Ustedes me entienden, ¿no? Bien, estoy en el aeropuerto, **me acerco a**

facturación *f*	Check-in
embarque *m*	Einsteigen, An-Bord-Gehen
equipaje *m* de mano	Handgepäck
ligero	leicht
desnudo	nackt
fijarse en	achten auf, bemerken
acercarse (a)	sich nähern (an)

Offiziell nennt man das „Bordpersonal" in Spanien heute *tripulantes de cabina de pasajeros.* Daneben hat sich der geschlechtsneutrale Ausdruck *auxiliar de vuelo* („Flugbegleiter") durchgesetzt. Umgangssprachlich wird das Wort *azafata*, das auf *azafate* (dt. „Tablett") zurückgeht, allerdings weiterhin verwendet. In neuerer Zeit hört man bisweilen auch *azafato* für den männlichen Flugbegleiter, das jedoch u. U. einen despektierlichen Beiklang hat. In einigen mittel- und südamerikanischen Ländern nennt man die „Stewardess" *aeromoza.*

un grupo de tres azafatas de mi compañía aérea. Voy a poner nombres falsos, me dicen que no puedo poner nombres reales. De hecho, yo no me llamo Sabina.
–Hola, Carmen.

intentar	versuchen
ϟ levantarse a alguien	jdn. anmachen (Argentinien)
soportar	aushalten, ertragen
irresistible	unwiderstehlich
ϟ ligar a alguien	jdn. anmachen (Spanien)
hacer *irr* caso	beachten; gehorchen
locura *f*	Irrsinn

–¡Sabina! ¿Qué tal? ¿Trabajas hoy?
–No, estoy de vacaciones, voy a la Argentina.
–¿A ver a tus padres?
–Claro.
–Qué bien. Justamente nosotras volamos hoy a Buenos Aires.
–¡Ah!, ¿sí?
–Me encanta, va a ser divertido, ¿no te parece? ¿Y sabes quién vuela también? ¡Adivina!
–No me digas, ¿Carlos?
–¡Qué va! Carlos cambió de compañía. ¡Marcelo!
–¿Marcelo? Oh, no, ese play-boy barato. Siempre está intentando levantarse a alguna azafata o a alguna pasajera. No lo soporto. Cree que es un hombre irresistible y es solo un tipo arrogante.
–Claro, como intentaste ligártelo y él no te hizo caso, hablas mal de él.
–¡No es verdad! Lo que pasó fue que…
–Perdona, es que ya nos vamos a la base.
–Claro. Nos vemos dentro.
–Claro. Chao.
–Chao.
La base es el sitio donde las azafatas nos reunimos para recibir de la jefa de azafatas las instrucciones del vuelo. También es el sitio donde se distribuyen las posiciones dentro del avión, quién

se pone en la puerta, quién hace la cocina, todas esas cosas. En un avión grande como un Boeing 747 hay muchas azafatas: quince en total con las dos jefas, la P2, que es la más importante, y que trabaja en su cabina con su ordenador, y la P1, que está con las azafatas. Creo que es importante explicar estos detalles, porque la historia que les voy a contar es una historia de azafatas. Yo prefiero trabajar en primera clase, en el piso de arriba, porque somos menos, solo tres azafatas, y se trabaja mejor porque hay menos pasajeros. Abajo somos diez azafatas para más de trescientos pasajeros, una locura. Bueno, ya veo por sus caras que se aburren. Luego quizás les cuento más cosas de las azafatas.

Ejercicio 4: Viajar en avión. Bringen Sie die folgenden Wörter von der Ankunft am Startflughafen bis zum Verlassen des Zielflughafens in eine logische Abfolge!

desembarcar | facturar | embarcar | volar | aterrizar | recoger el equipaje | llegar al aeropuerto | salir del aeropuerto | pasar el control de la policía | despegar

1. ____________________ 2. ____________________

3. ____________________ 4. ____________________

5. ____________________ 6. ____________________

7. ____________________ 8. ____________________

9. ____________________ 10. ____________________

Voy al **mostrador** de la oficina aérea con mi equipaje. Me pongo a la cola. Justo delante de mí hay un hombre, luego dos familias, varias parejas, un grupo de jóvenes, más parejas... Calculo unos veinte minutos de espera.

Compruebo el número de mi vuelo, el equipaje, el pasaporte, el dinero, el móvil. Entonces lo noto: ¡ese olor! No sé de dónde viene. Me recuerda automáticamente a M1, los paseos por la playa, el viaje a la Patagonia, su casa de Bahía Blanca, su familia de Vigo, no, de Gijón, siempre lo confundo. Una de sus colonias favoritas, ¿puedo decir el nombre de la colonia? ¿Tampoco? Qué pena. Es la colonia de hombre que más me gusta. No puedo **resistirlo**. Una colonia llena de recuerdos, de frescura, mezcla de tabaco y... y... y hombre. Es el pasajero que tengo delante. Solo le veo la **espalda**, lleva una **gabardina** gris y un sombrero beige, un **portafolios** azul en la mano, un **reloj de muñeca** muy elegante, no voy a decir la marca, pero elegante, pantalones de vestir y **zapatos de charol**, marrones, muy bonitos. Me encantan los zapatos, para mí es lo que más identifica a un hombre, la elección de los zapatos. Así que aquel pasajero era irresistible, todo lo hacía irresistible: el olor de la colonia, la gabardina, el sombrero y los zapatos elegantes. Tenía que hablar con él.

mostrador *m*	Schalter
comprobar *irr*	(über)prüfen
resistir	widerstehen
espalda *f*	Rücken
gabardina *f*	Trenchcoat
portafolios *m*	Aktenkoffer
reloj *m* de muñeca	Armbanduhr
zapato *m* de charol	Lackschuh
enfadado	verärgert
volverse *irr* (hacia)	sich (zu jdm./etw.) umdrehen

–Hola.

–...

No reacciona, "¿qué le pasa?", pienso, un poco **enfadada**.

Ejercicio 5: Presente. **Was macht Sabina? Setzen Sie die folgende Textpassage in die 3. Person Singular!**

Voy al mostrador y me pongo a la cola. Delante de mí hay un hombre. Calculo unos veinte minutos de espera. Compruebo el número de mi vuelo. Entonces lo noto: ¡ese olor! No sé de dónde viene. Me recuerda automáticamente a M1.

____

____

____

____

____

____

–Disculpe, oiga.
–...
Nada, no mueve un músculo.
–¡Oiga! –grito.
Ahora sí **se vuelve**. Parece enfadado, estaba hablando por teléfono y lo he interrumpido. Quizás la conversación era importante. Pienso en renunciar, pero ese olor y esos zapatos y ahora esos ojos no me dejan pensar con claridad. Tengo que inventar algo rápido.
–Disculpe, ¿esta es la cola para Buenos Aires? –"¡qué tontería!", pienso.
–¿Cómo?
–Que si esta es la cola para Buenos Aires.

Se me queda mirando con cara de **asombro**, debe de pensar que estoy loca o que soy la mujer más estúpida del planeta, pero de pronto, después de mirarme intensamente durante al menos diez eternos segundos, dice:

asombro *m*	Erstaunen
labio *m*	Lippe
tardar	dauern

–Te llamo luego, tengo una idea –y apaga el móvil. Me mira, me sonríe.

–¿Para Buenos Aires? ¿La cola para Buenos Aires? Claro, claro, sí, disculpe, es que es muy divertido lo que ha dicho.

–Yo no lo encuentro divertido. ¿Va usted a Buenos Aires?

–Sí, claro, esta es la cola para Buenos Aires –me dice irónicamente, pero esos ojos, ese pelo marrón dorado, esos **labios**, ya no sé qué dice, solo sé que he dicho una de mis típicas tonterías y que el efecto, como siempre, me beneficia. Bien, ya está el contacto, ahora hay que mantenerlo, que es lo más fácil. Hablamos del vuelo, de los billetes, de las horas que **tarda**, de las azafatas, le digo que soy azafata de profesión, que voy a ver a una parte de mi familia que vive allá, la otra parte no vive en la Argentina[i], volvieron a Europa hace tiempo.

–¿A España?

–Una parte sí, la otra se fue a Israel, aunque también tengo familia en Alemania.

–¡Qué interesante!

La Argentina wird umgangssprachlich sowohl mit als auch ohne Artikel verwendet. Offiziell heißt der Staat *la República Argentina*, wobei *República* in der Alltagssprache meist entfällt und das ursprüngliche Adjektiv substantiviert wird: *la Argentina*. Nicht zuletzt durch den Einfluss internationaler Bezeichnungen für das südamerikanische Land setzt sich daneben zunehmend das artikellose *Argentina* durch.
Übrigens: Der Name *Argentina* geht zurück auf das lateinische *argentum* (Silber), das die spanischen Eroberer in der Region am *Río de la Plata* (Silberfluss) vermuteten.

alejarse	sich entfernen
facturar	einchecken, (Gepäck) aufgeben
tarjeta *f* de embarque	Bordkarte
empujar	stoßen, drücken

–Sí, bueno, es normal en Argentina, todos tenemos familia de muchos lugares del mundo... –y me pongo a hablar de mi familia, mi tema favorito. Seguimos hablando, que es lo importante. Me pregunta por Buenos Aires, no ha estado nunca, necesita un buen hotel, algo tranquilo en el barrio del tango.

–¿Un buen hotel tranquilo en el barrio de Boca? Pues no sé, no conozco ninguno, pero seguro que mi padre sí. Mire, le doy mi teléfono y mañana me llama y le localizo un buen hotel en Boca, ¿le parece?

–Muy bien. Anote su teléfono en esta revista.

–Aquí está. Tome –le devuelvo la revista, una revista de color amarillo.

"¡Ya lo tengo!", pienso, "ya tiene mi teléfono y me va a llamar. ¡Qué emoción!".

De esa manera, entre conversación y olor a colonia, llega su turno. **Se aleja**, va a **facturar**, no, un momento, solo tiene equipaje de mano, pero en ese momento no me parece raro, mucho después recordé que no facturó equipaje. Con su **tarjeta de embarque** en la mano, se vuelve, me hace un gesto de "nos vemos del otro lado" y se aleja hacia el control de la policía. Yo me quedo parada, alguien me **empuja**, la chica del mostrador me llama, pero estoy paralizada por la impresión del olor de ese hombre. Se acerca la chica de la compañía y me pregunta si estoy bien.

–¿Qué? Sí, sí, estoy bien, gracias.

Por fin facturo mi equipaje.

"Eh, Sabina", me digo, "rápido, que se va". Paso el control de la policía, llego a la sala de espera, miro a todas partes, pero no lo veo. Quiero volver a hablar con él, no, tengo que volver a hablar con él. Es necesario, es importante, ¡es **imprescindible**! Busco su olor por la sala, como un perrito. Bueno, la comparación no es muy buena pero es lo cierto: intento encontrarlo por el olor, pero no lo veía. Voy a las tiendas, entro en las cafeterías, y nada. Lo busco durante media hora, y nada. Hay que **embarcar**. Estoy un poco lejos de la **puerta de embarque** cuando lo veo, otra vez **de espaldas**, la gabardina, el sombrero, el portafolios en la mano. Demasiado lejos para llamarle, para gritar su nombre, y de todas formas no sé cómo se llama. Veo que entrega la tarjeta de embarque y entra por la puerta de número 37 al Jumbo **rumbo a** Buenos Aires con salida a las 14:09. "Perdido", pensé, "perdido para siempre", y es exactamente lo que pasó, porque no he vuelto a verlo, y aunque me dicen que se trata de un **asesino** bastante peligroso, nunca olvidaré su olor.

imprescindible	unerlässlich
embarcar	an Bord gehen
puerta *f* de embarque	Gate (Flughafen)
de espaldas	*hier*: von hinten; rückwärts, rücklings
rumbo a	Kurs auf, in Richtung
asesino/a *m/f*	Mörder(in)

Ejercicio 6: Comprensión. Sind die Aussagen korrekt? Markieren Sie mit richtig ✔ oder falsch – !

1. Sabina es azafata pero viaja como pasajera. ❑
2. En la facturación conoce a un pasajero que le gusta. ❑
3. La familia de Sabina ha vivido en Israel. ❑
4. El pasajero necesita un hotel en Buenos Aires. ❑
5. El pasajero le da a Sabina su número de teléfono. ❑
6. Vuelven a encontrarse en la puerta de embarque. ❑

3 En pleno vuelo

Asiento 373C. Casi al final del avión. Cuando entran los pasajeros siempre hay un poco de confusión, y yo no soy especialmente alta, muchos pasajeros son más altos que yo, total que no puedo ver dónde se sienta el hombre de la gabardina. Lo que sí distingo claramente, y es algo que me confunde desde el primer momento, es su olor. Llego a mi asiento, pongo el equipaje de mano en el maletero encima de los asientos, aprovecho los últimos minutos para buscar al hombre cuando por fin veo su sombrero allá delante, bastante lejos de mí. Es apenas un momento, no puedo calcular dónde está su asiento. Así que me siento y me abrocho el cinturón de seguridad. Observo el ir y venir de las azafatas pensando en esas manos, en esa voz, en esos ojos. Bueno, por fin despegamos. A los pocos minutos estamos ya en el aire y se apaga la luz del cinturón encima de mi cabeza: me levanto y empiezo a recorrer el avión. Como las azafatas me conocen, y algunas me saludan, me dejan ir y venir libremente. Pero no lo encuentro.

asiento *m*	Sitz, Platz
ϟ total que	also, infolgedessen
distinguir	erkennen; unterscheiden
maletero *m*	Gepäckfach; Kofferraum
abrocharse el cinturón de seguridad	den Sicherheitsgurt anlegen
despegar	abheben (Flugzeug)
recorrer	entlanggehen, -laufen, durchqueren

Ejercicio 7: Participios. **Bilden Sie die Partizipien der folgenden Verben!**

1. enfadarse ____________________
2. esconderse ____________________
3. despegar ____________________
4. hacer ____________________
5. poner ____________________

Al fondo veo a la P2 sentada delante de su ordenador. Sé que no le gusto, tengo que tener cuidado, no quiero tener problemas con ella, así que me alejo. Voy de un lado a otro, pero nada, el hombre de la gabardina no está. Me pongo nerviosa, un poco triste, estoy **decepcionada**, el hombre me gustaba. El olor es ahora muy suave, y no puedo identificar ninguna zona en concreto. No veo al hombre. "No puede ser", pienso, "no puede ser, esto es una locura", y no puedo preguntarles a las azafatas si falta alguien de la lista.

–Hola, Sabina, ¿estás buscando algo?

–No, Carmen, es que **echo de menos** mi trabajo de azafata.

–¿**En serio**? Uhm, no sé. ¿Seguro que no estás buscando algo? ¿O a alguien?

–¿Crees que quiero levantarme a algún pasajero?

–Puede ser. Como estás de vacaciones, la P2 no se va a enfadar.

–La P2 nunca me **retó**, Carmen, y eso tú lo sabes.

–Tranquila, hija, que estoy de tu parte.

decepcionado	enttäuscht
echar de menos	vermissen
en serio	im Ernst
ϟ retar	schelten, ausschimpfen
aparecer *irr*	erscheinen; auftreten

–Oye, ¿no has notado un olor a colonia especial por aquí?
–¿Un olor? Uy, chica, qué cosas tienes. Bueno, perdona, llama un pasajero.
Al fondo veo una luz. Tengo un primer impulso de ir a ver qué quiere el pasajero, pero recuerdo que no estoy trabajando. Veo a Carmen que se aleja. Estoy a la mitad del avión, cerca de las escaleras que suben a primera, pienso que quizás está arriba, aunque en teoría no puede ser porque los pasajeros de primera entran por otro lado, ¿y si pregunto a la P2 si puedo subir? Vuelvo a mi asiento. Al rato, me levanto y me acerco a las escaleras. Sí, el olor está por esa zona, pero el hombre no está. Pienso que quedan muchas horas de vuelo y que me tengo que olvidar del hombre. Es entonces cuando **aparece** Marcelo.
–¡Sabina! ¡Qué agradable sorpresa! ¿No me digas que has venido a hacernos una visita?
–Hola, Marcelo.
–¿Cómo que "hola Marcelo"? Por favor, chica, un par de besos, ¿es que ya no saludas a tus compañeros de trabajo?
–Perdona, pero hace mucho que no trabajamos juntos.
–¿Todavía estás enfadada conmigo?
–¿Qué? ¿Enfadada yo? No vales tanto.
–Sabinita, no te pongas así, eso pasó hace mucho.
–Mira, Marcelo, déjame tranquila.
–He visto que vas de un lado a otro del avión, ¿estás buscando algo, Sabina? ¿O a alguien?
–A ti no te importa.
–Perdona, pero sí me importa, y lo sabes perfectamente, nos importa todo lo que pasa en el avión, nuestra responsabilidad es la seguridad de nuestros pasajeros y…
–Conozco las normas tan bien como tú, no me des lecciones.
–Pues entonces dime qué estás buscando, todos nos hemos dado cuenta.

–Mira, me voy a mi asiento y así vas a estar más tranquilo.

A Marcelo no se lo puedo decir, va a pensar que quiero levantarme al pasajero de la gabardina. Tengo que **descubrir** yo sola lo que pasa. Le **doy la espalda a** Marcelo y vuelvo a mi asiento.

Ejercicio 8: Formas del verbo. Setzen Sie die nachfolgenden Infinitive in die entsprechende Form!

1. no dar (negierter Imperativ, 2. Pers. Sing.) ____________
2. tener (Präsens, 1. Pers. Sing.) ____________
3. decirme (Imperativ, 2. Pers. Sing.) ____________
4. irse (Präsens, 1. Pers. Sing.) ____________
5. mirar (Imperativ, 2. Pers. Sing.) ____________
6. pensar (Präsens, 1. Pers. Sing.) ____________

Cada vez que me siento y me levanto, tengo que pasar por delante de una niña muy guapa que me mira con sus enormes ojos marrones.

–Perdona, tengo que volver a pasar.

–¿Quieres cambiar de asiento?

–Ah, bueno, muchas gracias. ¿Cómo te llamas?

–Estrella, ¿y tú?

–¡Qué nombre tan bonito! Yo me llamo Sabina. ¿Viajas sola?

–No, mis hermanos y mi padre están ahí delante, esos dos niños rubios de ahí.

–¡Qué guapos son! ¿Y van a la Argentina?

–¡Qué pregunta tan tonta! Claro que vamos a Argentina. No hay

descubrir	entdecken, aufdecken
dar *irr* **la espalda a alguien**	jdm. den Rücken zudrehen, sich abwenden

otra posibilidad, este avión va a Buenos Aires, y no podemos salir de él, ¿no?
–Tienes razón, es la segunda vez que hago la misma pregunta tonta.
–Pareces nerviosa, ¿te pasa algo?
Miro a la niña y me pregunto si puedo decirle la verdad. Instintivamente decido que sí puedo.
–En la facturación conocí a un hombre. Es un secreto, ¿bien? A ti te lo puedo contar.
–¿Y?
–Es muy guapo, y quiero volver a hablar con él pero no lo encuentro.
–Pues búscalo.
–Ese es el problema, ya lo busqué, pero no lo encuentro por ninguna parte. Solo me falta mirar en primera clase.
–Si entró, tiene que estar dentro, nadie puede salir de un avión en pleno vuelo.
–Oye, tienes razón.
–Sí, es como una habitación cerrada por dentro. Fuera no hay nada, el aire, las nubes, los ángeles.
–¿Crees en los ángeles?
–Claro, mis hermanos, por ejemplo, son dos angelitos. Se portan siempre muy bien.
–Vaya, debes de ser una hermana estupenda.
–Si quieres, te ayudo a encontrar a ese hombre. Parece un misterio muy interesante. Una vez leí un cuento sobre eso. Hay una habitación cerrada por dentro, sin ventanas, y al abrirla encuentran a una mujer asesinada, pero el asesino no está. La policía no sabe cómo resolver el misterio. ¿Te gusta la literatura?
–Ay, Estrella, yo no leo mucha literatura, ¿sabes?
–¿De verdad? ¿Y qué te gusta, entonces?
–Viajar.

–Como a mí.
–Entonces, ¿me quieres ayudar?
–Claro, ¿cómo puedo hacerlo?
–Tenemos que mirar arriba, en primera, pero yo no puedo subir porque ese azafato de ahí me **vigila**.
–No se dice "azafato".
–Ya lo sé, es que no me gusta, ¿sabes? Tienes que subir tú. Mira, llamas a una azafata y le dices que quieres ver el piso de arriba. Subes y buscas al hombre. Es alto, lleva una gabardina gris, sombrero y un portafolios. ¡Ah!, y huele muy bien. No lleva gafas, tiene los ojos marrones y... el pelo corto con algunas canas, moreno y... ah, sí, lleva una revista de... ah, ya me acuerdo, una revista de 'National Geographic'. ¿Sabes cómo es esa revista?
–Sí, una revista amarilla, a veces la leo, la puedo identificar fácilmente.

Ejercicio 9: Contrarios. Wie lautet das Gegenteil? Ordnen Sie zu!

1. ☐ alejarse	a) salir
2. ☐ subir	b) tirar de
3. ☐ entrar	c) levantarse
4. ☐ caerse	d) acercarse
5. ☐ empujar	e) bajar
6. ☐ despegar	f) aterrizar

–Mira, llamamos a esa azafata. Oye, perdona, esta niña te quiere pedir algo.

vigilar	bewachen
cana *f*	weißes Haar
por equivocación	aus Versehen
prueba *f*	Beweis
bandeja *f*	Tablett
cola *f* **del avión**	Flugzeugheck
litera *f*	Schlafkoje; Stockbett

Veo a Estrella alejarse por el pasillo, parece que los hermanos también quieren ir, el padre les da permiso y veo al grupito alejarse. Suben las escaleras y desaparecen en el piso de arriba. Al poco rato, vuelven los dos hermanos corriendo por el pasillo con regalos y llegan hasta el padre. Le muestran los regalos, pero Estrella no vuelve. Tarda un rato aún. Por fin, al cabo de quince minutos, está sentada a mi lado.

–Sabina, un pasajero me ha dicho que ha visto a un hombre con gabardina y un portafolios que ha subido **por equivocación** a la primera clase y ha bajado luego a la clase económica, pero que ha dejado en un asiento esto. Mira: la revista.

–¡Pero qué lista eres, niña!

–¿Es la que tú decías?

–Sí, mira, este es mi número de teléfono en Buenos Aires. Me dio la revista y escribí en ella mi número. Ahora sabemos que el hombre entró en el avión. Ya tenemos una **prueba**. Hay que hablar con Carmen. Anda, ve tú a llamarla. Es aquella azafata que va por allí con la **bandeja**, ¿la ves? Es muy simpática, ella nos va a ayudar. Dile que nos vemos en la **cola del avión** junto a las **literas**.

–¿El avión tiene literas?

–Claro, ¿dónde crees que duermen las azafatas?

–¿Cómo lo sabes?

–Es que yo soy azafata.

–Yo quiero ser como tú, azafata, y viajar por el mundo.

–Anda, Estrella, ve a buscar a Carmen.

Ella va hacia delante del avión y yo me voy a la cola.

–Estrella, cuéntale a Carmen lo que hemos descubierto.
Carmen escucha atentamente, le parece muy sospechoso.
–Miremos la lista de pasajeros.
–No, Carmen, ya sabes cómo es la P2. No le preguntes nada aún. Necesitamos más pruebas. Hay que encontrar la gabardina.
–Para eso –dice Estrella– te puedes guiar por el olor.
–Sí, Estrella tiene razón. Mira cerca de la escalera.
Vemos a Carmen alejarse por el pasillo. Cuando llega a las escaleras, abre dos o tres maleteros hasta que la encuentra, y también el sombrero. Nos mira con los ojos abiertos, y le digo a Estrella:
–Esa es, ¿ves?, de color gris, y el sombrero. Está en el avión.

sospechoso	verdächtig
guiarse por algo	sich nach etw. richten
serio	ernst
conquistar	erobern; verführen

Ejercicio 10: Pronombres. Lesen Sie weiter und setzen Sie das korrekte Pronomen in die Lücken ein!

mi   te   se   lo   la   me

Cuando vuelve Carmen **1.** ______ lo contamos todo. Bueno, se **2.** ______ cuenta Estrella. Carmen **3.** ______ mira muy seria.
-¿Y no es un tipo que **4.** ______ quieres ligar?
-¿Qué significa eso? -dice Estrella.
-Que tu amiga Sabina quiere conquistar a un pasajero.
-Es que es muy guapo y huele muy bien -dice de pronto la niña. **5.** ______ miro con sorpresa: en ese momento decido que no solo es la chica más lista del planeta, sino que además va a ser **6.** ______ amiga toda la vida.

4 Pistas falsas

–¿Qué están haciendo aquí?

Es la P2, la jefa de azafatas. No le caigo bien, y siempre que trabajo con ella, busca alguna excusa para retarme.

pista *f*	Spur, Fährte
excusa *f*	Vorwand; Ausrede
darse *irr* la vuelta	sich umdrehen

–Hola, P2.

–No me llames así, Sabina. Te lo he dicho mil veces.

–Le estamos enseñando a esta niña tan guapa las literas donde duermen las azafatas –dice Carmen.

–Es que yo, de mayor, quiero ser como ustedes, azafata.

–Bien, terminen pronto que hay cosas que hacer –dice la P2 enfadada.

–¡Pero si los pasajeros están durmiendo! –dice Estrella.

–Mira, niña, si quieres ser azafata, tienes que aprender a respetar a la jefa de azafatas, que soy yo.

–¿Y usted se llama P2? Qué nombre tan raro.

La P2 la mira un momento sin entender la ironía de Estrella, se da la vuelta y se aleja de nosotras.

–Sabina, ¿qué significa P2?

–Es como se le llama a la jefa de azafatas. Hay dos, la P2 y la P1. La más importante es la P2, el nombre viene del inglés.

–¿Y tú qué eres?

–¿Yo?, nada, azafata normal.

–¿No eres P3?

Carmen y yo nos miramos y nos ponemos a reír. Le enseñamos las literas y regresamos a nuestros asientos.
–Estrella, tenemos que seguir buscando al pasajero.
–Alguien tiene que ir a la **bodega de carga**, donde los equipajes.
–No, Estrella, es imposible bajar a la bodega desde aquí, eso son cosas de las películas. Tenemos que hablar con el resto de azafatas. Carmen ya lo sabe. Tengo que hablar con Marcelo.
–¿Quién es Marcelo?, ¿ese que es tan guapo?
–No es tan guapo, es un boludo.
–¿Qué es 'boludo'?
–Idiota, tonto, estúpido.
–¿Puedo hablar yo con el boludo?
–No, espera, ahora voy yo.

Ejercicio 11: ¿Ser o estar? Setzen Sie die richtige Form von *ser* oder *estar* ein!

1. ¿Dónde __________ mi tarjeta de embarque? No la encuentro.
2. Sabina __________ muy preocupada porque no encuentra al pasajero.
3. Algunos pasajeros del avión __________ ya dormidos.
4. Sabina piensa que Estrella __________ muy lista.
5. El avión __________ bastante grande.
6. No __________ fácil __________ azafata.

Marcelo está en una de las literas. Abro la puerta y lo encuentro medio vestido. Está escribiendo.

–¡Hombre, Sabina! ¿Por fin **te has decidido** a pasar un ratito conmigo?

–¡Qué gracioso eres, **che**! He venido a hablar contigo. ¿Qué haces?

bodega *f* **(de carga)**	*hier*: Frachtraum
decidir(se)	(sich) entscheiden
⚡ **¡che!**	Hey! (Ausruf, Argentinien)
decís vos	du sagst (Argentinien)
enterarse (de algo)	(etw.) erfahren

–Estoy escribiendo una novela.

Me acerca el papel. Leo, "La arena de las dunas llega hasta la calle. El viento sopla suave...". Marcelo me quita el papel de la mano.

–Es una historia que estoy escribiendo para una editorial.

–No sabía que escribes.

–Hay muchas cosas que no sabes de mí.

–Bueno, mira. Vengo a hablar contigo de otra cosa. Escucha con atención, ¿entendido? He descubierto... mejor dicho, hemos descubierto... a ver cómo te lo explico.

–Has encontrado a un pasajero que te gusta y necesitas ayuda para ligártelo.

–No es tan fácil y no quiero ligármelo, como **decís vos**. (i) Lo que pasa es que no está en el avión, no lo encontramos.

–¿No lo encontráis? ¿Quiénes no lo encontráis?

–Yo, Carmen y una niña muy lista que se llama Estrella.

–¿Esa tan guapa que está sentada a tu lado?

–Esa misma.

–Lo que dices es muy grave. Si **se entera** el piloto, tendremos que bajar donde sea.

> Der *Voseo* ist typisch für das argentinische Spanisch. Dabei wird die 2. Person Singular nicht durch das in Spanien gebräuchliche *tú*, sondern durch die Form *vos* ausgedrückt. Auch die Betonung des Verbs ändert sich in der 2. Person Singular Präsens. Anstatt *tú eres, tú tienes, tú dices* heißt es in Argentinien also *vos sos, vos tenés, vos decís.*

–Claro, y los pasajeros no deben saber nada porque se pueden poner nerviosos y podemos tener un verdadero problema.
–Tienes razón. Hay que hablar con la P2.
–Sí, pero con cuidado. Lo tienes que hacer tú, si le hablo yo no me va a creer.
–¿Qué sabes de ese hombre?
–Poco, hablé con él en la facturación. Llevaba una gabardina gris, un portafolios, un sombrero y una revista de la 'National Geographic'. Lo hemos encontrado todo menos el portafolios.

susurrar	flüstern
medida *f* de seguridad	Sicherheitsmaßnahme
recibo *m* de compra	Kassenbon, Kaufbeleg

–Tenemos que encontrar primero el portafolios. Espera, me pongo los pantalones y salgo.
Noto de pronto que a mi lado está Estrella, escuchando con mucha atención. Busco a la P2: está en su cabina, lejos de nosotros. Marcelo baja de la litera y se viste. Afuera, le digo dónde está la gabardina. Va hasta el lugar y la saca del maletero. Nadie lo mira. El portafolios está debajo. Le digo por señas: "abre el portafolios", pero me dice que no con la cabeza. Entonces le pido la gabardina.
–Sabina, no se puede abrir el portafolios, ya lo sabes –me **susurra** a la oreja Marcelo cuando vuelve a donde estamos nosotras. Trae la gabardina.
–Sí, ya lo sé, son **medidas de seguridad** –yo también susurro.
–Tenemos que encontrar de quién es el portafolios, pero sin alarmar a los pasajeros.
–Aún no.
–Sabina –dice Estrella, también susurrando– mira en el bolsillo de la gabardina, hay algo.
–A ver –meto la mano en el bolsillo y saco una tarjeta de embarque y un **recibo de compra**, el de la revista. Meto la mano en el

otro bolsillo y saco una hoja de papel con un plano dibujado a mano.

–¿Qué es eso? –pregunta Estrella.

–No sé exactamente, parece el plano de una ciudad.

–Lee los nombres de las calles.

–A ver, calle Corrientes, Plaza de Mayo, Obelisco…

–¿De dónde son? –pregunta Estrella con voz de misterio.

–De Buenos Aires –responde Marcelo por mí.

–¿Qué habéis descubierto? –pregunta de pronto Carmen, que **se ha unido** al grupo.

–¡Qué haces, Carmen! –dice Marcelo alarmado–. Si la P2 nos ve, va a darse cuenta de que pasa algo.

–No, ya me he dado cuenta –oímos los cuatro a nuestras espaldas. Es la P2, con mirada de policía. Nadie dice nada, Estrella es la única que habla.

unirse a alguien	sich zu jdm. gesellen, sich jdm. anschließen
reunión *f*	Versammlung, Sitzung
despedir *irr*	*hier*: entlassen; verabschieden
ϟ **mocoso/a** *m/f*	Grünschnabel, Dreikäsehoch, Fratz

–Buenas noches, señora P2, ¿cómo le va?

–Me van a explicar ahora mismo qué es esta **reunión**.

Cuando Marcelo acaba de explicar lo que pasa, la cara de la P2 está más roja que un tomate. Está verdaderamente enfadada porque en el avión están pasando cosas muy graves y nadie le ha informado de nada.

–Voy a **despediros** a todos, incluida a ti, Sabina.

–Pero P2 –nos defiende Estrella –todo lo que han dicho es verdad…

–¡Cállate, **mocosa**! Aquí la única verdad es que Sabina quiere acostarse con un pasajero y esta vez la he descubierto, y además, ustedes dos, Carmen y Marcelo, la están ayudando. Sabina, usted mezcla su vida privada con el trabajo y además manipula

a sus compañeros para **conseguir** sus objetivos personales. Esto, Sabina, le va a costar caro.
–Pero...
–Nada de nada. Ustedes a su trabajo, y Sabina, siéntese en su asiento y no ponga nerviosos a los pasajeros. Respecto a ti, jovencita, dime ahora mismo dónde está tu padre.
–¡No se lo voy a decir, vieja **bruja**!
La P2 está verdaderamente enfadada pero no puede gritar porque los pasajeros duermen. Se va echando humo por las orejas con la gabardina en la mano.

conseguir *irr*	erreichen; erhalten
bruja *f*	Hexe
subrayado	unterstrichen
junta *f* **directiva**	Vorstand

–¡Muy bien, Estrella! Eres una niña con carácter.
–¿Qué vamos a hacer ahora, Sabina?
–No lo sé, porque ya no podemos hablar con Carmen ni con Marcelo. Tampoco podemos abrir el portafolios, pero tenemos el plano y la tarjeta de embarque.
–No lo tenemos, la bruja se lo ha llevado todo con la gabardina.
–¿Y no recuerdas el número de asiento?
–No.
–Vaya, qué lástima. ¿Y la revista?
–Aquí está. Mira, hay un artículo sobre Buenos Aires y algunas cosas están **subrayadas**. Mira, nombres de calles, horarios de autobuses, el nombre de un restaurante, Ché bandoneón, y la dirección. Además hay anotada una hora y un día, a ver, es hoy a las 14:30, y qué pone aquí: "Reunión de la **junta directiva**. Raúl González de Mesa". ¿Quién es Raúl González de Mesa?
–Un banquero muy famoso. Mi ex novio escribió hace poco un artículo sobre él. Es muy rico, pero no tiene negocios en Argentina, solo en Europa. Parece que su banco va a comprar un banco italiano muy importante.

–¿Qué significa todo eso, Sabina?
–No lo sé. Lo malo es que estamos aquí metidos en el avión, todo el mundo duerme, la P2 está enfadadísima y no nos va a ayudar.
–Y no podemos comunicarnos con el exterior porque no tenemos cobertura. Todo igual que en el cuento, ¿te acuerdas?
–Déjame pensar. Ya está, como no tenemos la tarjeta de embarque y no sabemos el número de asiento, tenemos que mirar la lista de pasajeros del avión y ver si falta alguno. La tiene la P2 en su cabina.
–Tienes razón.

Ejercicio 12: Presente. Setzen Sie das Verb in die korrekte Präsensform!

1. Vosotros, tener ______________ que mirar la lista de pasajeros.
2. No tú, dejarme ______________ pensar.
3. ¿Quién ser ______________ el pasajero?
4. Algunas cosas estar ______________ subrayadas.
5. No nosotros, poder comunicarse ______________ ______________ con el exterior.
6. No se lo yo, decir ______________.
7. No se lo nosotros, poder hablar ______________ con ella.

Veo que la P2 va a hablar con otra azafata que está atendiendo a un pasajero. Es el momento, tengo que **darme prisa**. Me levanto, voy al otro pasillo y paso junto a Marcelo que me mira alarmado.

–¿Qué haces, Sabina?

–Necesito la lista de pasajeros.

–¿Estás loca? Nos vas a meter a todos en un problema. ¿No has oído a la P2? Nos van a echar a todos y hasta pueden meternos en la **cárcel**. Las normas de seguridad son muy estrictas. Si no te sientas, voy a llamar al comandante del avión.

Me doy cuenta de que Marcelo en parte tiene razón y de que tengo que volver a mi asiento.

–¿Qué vamos a hacer ahora, Sabina?

–No lo sé, Estrella.

darse *irr* **prisa**	sich beeilen
cárcel *f*	Gefängnis
esconder	verstecken

–A ver, dame la revista. Cuéntame cosas de Buenos Aires, ¿vale?

–Bueno, mira, esta foto es de la calle Corrientes, que es muy larga. Y esta es de la Plaza de Mayo, que está en el centro de la ciudad. Es muy importante.

–¿Y esto qué es?

–Es la Casa Rosada, donde está el Gobierno.

–¡Qué color tan bonito!

–Pasa la página…

–¡Mira!

–¡Una tarjeta de embarque! Qué raro.

–Ahora tenemos dos, esta y la de la gabardina.

–Vamos a ver de quién es.

–Espera, ahí viene la P2 otra vez. **Esconde** la tarjeta y no te muevas. Ahora no podemos levantarnos.

5 Aterrizaje

–¿Qué están haciendo ahora?
–Sabina me cuenta cosas de Buenos Aires –dice Estrella.
–Sabina, todo el mundo está durmiendo. Por favor, no molesten a los pasajeros –dice la P2.
–De acuerdo –contesto.

aterrizaje *m*	Landung (Flugzeug)
frazada *f*	(Woll-)Decke

Vemos cómo la P2 se aleja hacia su cabina. También vemos a Marcelo que nos vigila. Está muy nervioso. No vemos a Carmen. Parece que el resto de las azafatas ya saben que pasa algo en el avión. Probablemente Marcelo les contó ya todo. Tenemos que tener mucho cuidado.
–Estrella, no podemos sacar todavía la tarjeta de embarque. Hay que esperar un poco.
–Oye, Sabina, tengo mucho sueño. Voy a dormir un rato, ¿vale?
–Buena idea, Estrella, vamos a dormir.
Me tapo con la frazada y cierro los ojos, pero no puedo dormir. Pienso todo el tiempo en el pasajero de la gabardina. Veo su cara, recuerdo su olor. Tiene que estar dentro, pero ¿dónde? La gabardina, el portafolios, el sombrero, la revista, todo está en el avión, hasta su olor. Recuerdo el momento de la facturación en el aeropuerto, él está delante de mí y hablamos. Luego, él factura. Un momento, no tenía equipaje. Es raro, para un viaje tan largo, siempre se lleva equipaje. No tiene sentido. Luego, facturo yo, pero nos separamos. Paso el control de la policía, y ya no

lo veo. Voy de un lado a otro, lo busco, pero no está. Pasa el tiempo y llaman para embarcar. Voy a la puerta de embarque y entonces lo veo de lejos entregando la tarjeta de embarque. Bueno, veo su espalda, su gabardina, su sombrero. Yo entro de última.

susurro *m*	Flüstern
cada vez más	immer mehr
parecido	ähnlich
pasar de largo	weitergehen, vorübergehen

En el avión hay mucha confusión, no veo dónde se sienta. Lo veo de lejos un momento, pero luego ya no lo veo más. Y ya está, solo tengo de él el olor, la gabardina… ¡y dos tarjetas de embarque!

–Sabina –oigo el susurro de Estrella–, si hay dos tarjetas de embarque es que hay dos personas relacionadas con el misterio.

–¿Qué dices?

–Claro, ¿por qué hemos encontrado dos tarjetas de embarque? Quizás faltan dos pasajeros, no solo uno. Tenemos que comparar los números de las tarjetas con los de la lista.

–Sí, es verdad. Aquí está la tarjeta. El número es el 156B, de un tal Sergio Prymak. Tenemos que comprobar si está en el avión.

–Espera, voy a hablar con mi hermano José. Él nos puede ayudar.

Veo que Estrella se aleja por el pasillo, veo que despierta a su hermano, que reclama pero que al final escucha lo que le dice la niña. Ella vuelve a mi lado, y el hermano se levanta y busca entre los asientos.

–Mira, Sabina. ¡El 156B está ocupado!

–Bien, ya sabemos que este pasajero, Sergio Prymak, está en el avión. Lo que no entiendo es qué pasa con la otra tarjeta de embarque y qué relación hay con esta.

–Ahora sí tienes que hablar con la P2.

–Mira, el pasajero del asiento 156B se está despertando. Se levanta, abre el maletero, busca algo.

–Sí, es verdad. Parece nervioso. Ahora te mira a ti, Sabina.

–¿Qué le pasa?
–Mira, viene hacia nosotras.
–No digas nada.

> Im Spanischen unterscheiden sich die Formen des bejahten und des verneinten Imperativs. Nur die *2. Person Singular* und *Plural* des *bejahten* Imperativs werden eigenständig gebildet. Alle anderen Formen – insbesondere sämtliche Formen des verneinten Imperativs – werden vom *Subjuntivo* abgeleitet.

Vemos que el pasajero se acerca, nos mira, está cada vez más cerca. Noto que Estrella me coge con fuerza de la mano, ella también está nerviosa. Me doy cuenta de que el hombre tiene casi la misma estatura que el pasajero de la gabardina y de que el pelo también es muy parecido. Llega a nuestra altura y pasa de largo. Las dos nos volvemos y entonces lo miro por la espalda. El pasajero se mete en el cuarto de baño.
–¡Estrella! –susurro muy nerviosa a mi nueva amiga.
–¿Qué te pasa, Sabina? Te has puesto blanca. ¿Estás bien?
–¡El olor!
–¿El mismo?
–Exactamente.
–¿Qué significa eso?
–No lo sé.
–Ahí vuelve.
–No le mires.
–No me sueltes la mano.
–No tengas miedo, estás conmigo.
–No tengo miedo. Ya se aleja.
–Espera, esa espalda, se parece mucho al otro, al pasajero de la gabardina.
–¡Claro! ¡Ya lo tengo! ¡Son dos iguales! Hay dos pasajeros iguales y tú te has confundido, el que conociste en el embarque no cogió este avión.
–¿Cómo?

Ejercicio 13: Imperativo. Setzen Sie die Verben in die bejahte oder verneinte Befehlsform.

1. ¡No tú, hablar ____________ con la azafata, Estrella!
2. Vamos a la puerta de embarque. ¡ Vosotros, darse ____________ prisa!
3. El policía dice: ¡ Usted, mostrarme ____________ su pasaporte, señor!
4. ¡ Ustedes, abrir ____________ las maletas!
5. ¡ Usted, disculpar ____________ las molestias!
6. ¡No tú, ligarse ____________ con los pasajeros, Sabina!

–Claro, Sabina, ahora lo entiendo. En la cola del embarque conociste a un hombre que se parece mucho a otro que llevaba la misma gabardina y el mismo olor. El que subió a este avión es el otro. Te confundiste de hombre.
–¿Tú crees?
–Claro, esa es la explicación.
–Puede ser.
Nos quedamos las dos calladas. Estrella me sonríe, pero no parece muy convencida de lo que ha dicho. Entonces se cae la revista al suelo, las dos la miramos al mismo tiempo. Se cruzan nuestras miradas.

callado	ruhig, still, verstummt
convencido	überzeugt
caer(se) *irr*	fallen

–¡La revista! –decimos las dos al mismo tiempo.
–Estrella, no puede ser, yo escribí el número de teléfono en esta revista. ¿Lo ves? Aquí está, es mi letra. El pasajero de la gabardina entró en este avión.

–O no.
–¿Qué quieres decir?
–Tú crees que entró, pero no entró. El que entró fue el otro. El tuyo no entró. ¿Por qué el del asiento 156B nos ha mirado de esa manera?
–Mira, amanece. Los pasajeros van a empezar a despertarse, y casi estamos llegando. Tenemos que resolver el misterio pronto.
–Ahí está Carmen. Se lo tenemos que contar todo a ella.

Ejercicio 14: Singular y plural. Wie lautet der Plural bzw. der Singular der folgenden Wörter? Achten Sie auf die Akzente.

1. avión ____________________
2. ____________________ explicaciones
3. relación ____________________
4. ____________________ razones
5. dirección ____________________
6. ____________________ bandoneones

Le contamos a Carmen los nuevos descubrimientos, le mostramos la revista y la tarjeta de embarque y le decimos dónde está el pasajero.
–Tengo una idea –dice ella. Se aleja de nosotras hasta la cabina de la P2, coge la gabardina y se acerca al pasajero del asiento 156B. Le muestra la gabardina, parece que le pregunta algo. El pasajero dice que

amanecer	dämmern, Tag werden
descubrimiento *m*	Entdeckung, Enthüllung

no con la cabeza, pero parece muy nervioso. Carmen vuelve con la gabardina en la mano, el pasajero del asiento 156B nos mira a nosotras.
–Estrella, aquí pasa algo raro.
–Sí, ese hombre sabe algo. Mira cómo se mueve, parece muy nervioso.
Carmen llega a donde estamos nosotras.
–Carmen, ¿qué ha dicho?
–Que la gabardina no es suya. Voy a hablar con la P2.

asustado	erschrocken
asesinar	ermorden
engañar	betrügen

–Carmen, ten cuidado. Toma, su tarjeta de embarque.
Estrella y yo nos quedamos calladas. Carmen va hasta la cola del avión, abre una de las puertas de las literas y desaparece de nuestra vista. Al ratito, aparece de nuevo, junto con la P2. Está muy seria pero ya no parece enfadada. Parece nerviosa. Va a su cabina con la tarjeta de embarque. Mira la lista de pasajeros. Coge el teléfono.
–Mira, Estrella, está comunicándose con tierra, probablemente con la compañía aérea o con uno de los dos aeropuertos. Mira, se ha sentado, parece que no se encuentra bien. ¿Adónde va Carmen? Ah, le lleva un vaso de agua.
–Vamos a hablar con ellas.
–Sí, buena idea.
Las dos nos levantamos. Cada una va por un pasillo. Cuando pasamos a la altura del asiento 156B, me doy cuenta de que está muy cerca de la escalera, que es donde sentí el olor al principio del vuelo. El pasajero nos mira a las dos muy asustado. Yo le digo a Estrella por señas que mejor volvemos a nuestro asiento. Cuando estamos juntas otra vez, hablamos.
–¿Qué pasa ahora?
–Ese hombre está muy asustado y puede hacer algo peligroso.

Es mejor no asustarlo más. Tenemos que esperar a Carmen. Ahí viene.
–La P2 ha hablado con el aeropuerto de Buenos Aires. La policía española está siguiendo a un pasajero que ha tomado este avión. Parece que es un asesino y creen que quiere **asesinar** a alguien en Buenos Aires. La otra tarjeta de embarque es de un tal Javier Patiño, pero la policía no sabe con qué nombre ha embarcado, pues probablemente ha usado un nombre falso. La P2 está muy nerviosa y el comandante dice que falta poco para llegar a Buenos Aires, que es mejor no hacer nada, que la policía argentina lo va a resolver todo. Dice que el peligro no está en el avión y que la seguridad de los pasajeros es lo más importante.
–Así que hay un asesino en el avión.
–O no.
–¿Qué quieres decir, Estrella?
–Piensa en el olor, en la revista, en el papel que había en la gabardina. ¡Te han **engañado**, Sabina!
–¡El restaurante! Tienes razón, Estrella. ¡Qué lista eres! Ven.
Las dos cogemos la revista, llamamos a Marcelo y a Carmen y nos acercamos al pasajero del asiento 156B.
–Buenos días.
El hombre no responde.
–Sabemos lo que quieren hacer. Hoy a la una del mediodía en el restaurante Ché bandoneón de Buenos Aires va a haber una reunión de la junta directiva de la empresa de Raúl González de Mesa, y ustedes van a estar ahí, ¿no es cierto?
El hombre está muy asustado, pero no dice nada.
–Por favor, acompáñenos.
–No... no me hagan nada, yo no tengo nada que ver. Me han pagado solo para viajar en este avión. Yo no sé nada.
–¿Cómo se llama usted?

–Sergio Prymak.

Cuando Carmen llama al aeropuerto y pregunta a la policía por el hombre, le dicen que existe, que no es un nombre falso y que no es ningún asesino, sino un **ciudadano** argentino sin **antecedentes**.

–¿Qué hacemos ahora, Sabina?

–¡Espera! A ver, ¿dónde está el plano que encontramos en la gabardina?

–Lo tiene la P2.

ciudadano/a *m/f*	Bürger(in)
antecedente *m*	*hier*: Vorstrafe
excepcional	außergewöhnlich
asombrado	erstaunt, überrascht
deprisa	eilig, schnell

Los pasajeros empiezan a despertarse, dentro de poco las azafatas servirán el desayuno, no tenemos mucho tiempo. Carmen y Marcelo se van a hacer su trabajo, y nos quedamos con la P2, que no sabe dónde ha puesto el plano. Lo buscamos en su cabina. Todo el tiempo Estrella está a mi lado, nerviosa, seria y segura. Es verdaderamente una niña **excepcional**.

–Aquí está –dice ella.

–Déjame ver. ¡Esto no es Buenos Aires!

–¿Cómo? –ahora es la P2 la que pregunta **asombrada**.

–Mira –las tres miramos el plano– Buenos Aires no es así.

–Tienes razón, esto me suena –dice la P2.

Nos miramos y lo comprendemos al mismo tiempo.

–¡Es el plano de Madrid! ¿Qué hora es en Madrid?

–Ahora mismo son casi las dos.

–Hay que llamar **deprisa** al aeropuerto de Barajas. Tienes que decir que en el restaurante Ché bandoneón van a intentar matar al banquero Raúl González de Mesa, que vayan deprisa.

–¿Cómo?

–Haga lo que le digo, por favor, no hay tiempo que perder.

Entonces es Estrella la que habla.
–Sabina tiene razón. Mire, se lo explico muy rápido: el asesino y este señor son muy parecidos, el asesino conoció a Sabina y habló con ella, luego entró en el avión pero no entró, el que entró fue ese señor, que no sabe nada. El asesino tiene que matar a alguien en Madrid, pero sabe que la policía lo sigue, así que quiere hacerles creer que se va a Buenos Aires, ¿entiende?, pero aún está en Madrid, y dentro de media hora es la reunión de la junta directiva del banquero en ese restaurante, y van a matarlo. Hay que llamar deprisa para avisar.

temblar *irr*	zittern
colgar *irr*	*hier*: auflegen; hängen
despierto	wach
cariñoso	zärtlich

–Bueno, ya llamo.
La P2 está muy nerviosa, le **tiembla** todo el cuerpo pero Estrella le coge la mano y se tranquiliza un poco. Entonces, llama a Barajas. Cuando **cuelga**, nos dice más tranquila:
–La policía ya tiene la información. Van a llamar al banquero y dentro de media hora estarán en el restaurante. Ahora, vuelvan a sus asientos. Ah, y en Buenos Aires la policía las espera para hablar con ustedes.
Volvemos a nuestros asientos, contentas. Veo que Estrella pasa junto a sus hermanos y su padre, que ya están **despiertos**. Se dan los buenos días, la niña habla un rato con ellos. El padre me mira, luego mira a su hija y le da un beso muy **cariñoso**. Luego viene.
–¿Qué te ha dicho tu padre?
–Que me quiere mucho y que soy muy valiente y que ya hablaremos en Buenos Aires.
Nos quedamos un momento calladas. Luego Estrella me dice:
–Sabina, hay algo que no entiendo.

–A ver, dime.

–O sea, tú hablaste con el asesino en la cola de la facturación, luego lo perdiste y viste entrar al doble, a ese Sergio Prymak. **Se parece** mucho al asesino, llevaba el mismo sombrero, el portafolios, todo correcto. Todo eso se puede hacer. Pero, ¿y la revista?

–Tienes razón. En la cola de la facturación, el asesino estaba hablando por teléfono, probablemente con el doble, dijo algo así como "tengo una idea". Entonces empecé (i) a hablar con él y le **apunté** el teléfono en su revista. En algún momento el asesino le dio la revista al doble para confundirme a mí también.

parecerse *irr* **a alguien**	jdm. ähneln
apuntar	*hier*: notieren

–Pero, ¿por qué el tal Sergio Prymak tenía las dos tarjetas de embarque?

–El asesino entregó la suya en la puerta de embarque, y luego, con alguna excusa, debió de volver a la sala de espera. Entonces le dio al doble la revista y la gabardina, pero en el bolsillo estaba la tarjeta de embarque. Y como era la gabardina que llevaba el asesino, yo sentía todo el tiempo su olor. Ese fue su error, lo descubrimos por el olor. Y gracias a ti, claro.

–Lo descubrimos juntas.

Nos miramos sonriendo sin decir nada.

Y bueno, ya saben todo lo que pasó. Creo que ha quedado claro. Si tienen más preguntas, por favor, otro día, que a las 12 he quedado con Estrella para enseñarle Buenos Aires.

> (i) Bei Verben, deren Infinitiv auf *-zar* endet, weist die 1. Person Singular im *Pretérito Indefinido* eine orthographische Besonderheit auf. Die scheinbar unregelmäßige Form wird jedoch de facto ganz regelmäßig gebildet: Zum Wechsel von *z* zu *c* kommt es, weil der betreffende Laut vor *a, o* und *u* mit einem *z* wiedergegeben wird und vor *e* und *i* mit einem *c*. Verben dieses Typs sind z. B. *abrazar - abracé, almorzar - almorcé, aterrizar - aterricé, empezar - empecé, utilizar - utilicé.*

Ejercicio 15: Comprensón. **Sind die Aussagen korrekt? Markieren Sie mit richtig ✔ oder falsch – !**

1. A la P2 la pone nerviosa la investigación de Sabina. ❐
2. Mientras duerme, Sabina sueña con el pasajero. ❐
3. Estrella descubre por sí misma que el asiento 156B está ocupado. ❐
4. Sergio Prymak es un asesino muy peligroso. ❐
5. Marcelo les ayuda a las dos chicas en todo. ❐
6. Descubren que el asesino prepara un asesinato. ❐
7. Al final, Estrella y Sabina se hacen buenas amigas. ❐
8. El restaurante ¡Ché bandoneón! está en Barcelona. ❐
9. Sabina y Estrella encuentran el plano dibujado en la revista. ❐
10. El plano no es un dibujo de Buenos Aires. ❐
11. Al final, la P2 despide a Sabina, Carmen y Marcelo. ❐
12. Después de la aventura a bordo del avión, Sabina le muestra Buenos Aires a Estrella. ❐

Crimen en el Teatro Romano de Mérida

Mario Martín Gijón

1 Una tragedia demasiado real

caluroso	warm, heiß
contemplar	betrachten
a. C. (ante Cristo)	v. Chr.
emperador *m*	Kaiser
orgulloso	stolz
ciudad *f* natal	Geburtsort, Heimatstadt
enterrar *irr*	beisetzen, beerdigen
cadáver *m*	Leichnam
conquistar	erobern
obedecer *irr*	gehorchen
descubierto	entdeckt, ertappt
condenar a muerte	zum Tode verurteilen
a pesar de	trotz

Es una calurosa noche de agosto. Estamos en Mérida, en el sur de España. Aquí, incluso por la noche, la temperatura es muy alta, casi treinta grados. Pero eso no importa a los cinco mil espectadores en el Teatro Romano de Mérida. Están contemplando la representación de la tragedia 'Antígona', del autor griego Sófocles. El Teatro Romano de Mérida se terminó de construir en el año 15 a. C., en época del emperador Augusto. Probablemente es el teatro romano mejor conservado del mundo y desde 1933 es el escenario del Festival de Teatro Clásico.

Esta noche, todos los ojos miran a la protagonista de 'Antígona', representada por Felisenda Gimeno, una actriz joven pero ya muy famosa. Sus padres, Antonio e Inés, están muy orgullosos de ella y muy contentos de verla actuar en Mérida, su ciudad natal. También el novio de Felisenda, Ramón Cerezo, está entre el público y mira con emoción la obra, aunque parece algo nervioso.

Ejercicio 1: Artículos y pronombres. Lesen Sie weiter und unterstreichen Sie alle Artikel und Possessivpronomen im folgenden Abschnitt!

La tragedia comienza cuando Creonte, rey de Tebas, prohíbe **enterrar el cadáver** de Polinices. Este quiso **conquistar** la ciudad. Pero Antígona, la hermana de Polinices, no **obedece** al rey y entierra a su hermano. Antígona es **descubierta** y Creonte la **condena a muerte, a pesar de** la oposición de su hijo, Hemón, que es el novio de Antígona.

El papel de Hemón es representado por Luis Manuel Duque, un joven actor. La madre de Felisenda comenta:

–Ese Luis Manuel es muy buen actor.

–A mí no me parece tan bueno –dice Ramón, de mal humor.

Inés sonríe y no dice nada, pues sabe lo celoso que es Ramón, a quien no le hace gracia ver a su novia con otro hombre, aunque sea en una obra de teatro.

papel *m*	*hier*: Rolle
celoso	eifersüchtig
hacer *irr* gracia	Spaß machen, gefallen
asistir	beiwohnen, anwesend sein
valer *irr* la pena	sich lohnen
además	außerdem

–Realmente es impresionante asistir a una obra en este teatro –comenta Antonio, el padre de Felisenda–. Con esas grandes columnas antiguas detrás y con las estatuas, parece que estamos en la época de los romanos.

–Ya te dije que valía la pena –dice Inés–. Y además tenías que ver cómo trabaja tu hija, pues no la habías visto nunca actuando.

–¡Sí que la vi una vez! –protesta Antonio.

–Sí, claro, pero eso era en el colegio. No es lo mismo –dice Ramón.

–Desde luego, se crea un ambiente especial durante este Festival de Teatro Clásico –comenta Inés–. Sí que podríamos imaginar que estamos en el **siglo** I **d. C.**, cuando esta ciudad se llamaba Emerita Augusta y era la capital de la provincia de Lusitania.

–Tenían que ser buenos tiempos aquellos –dice Antonio–. Aunque ahora sea la capital de Extremadura, que tampoco está mal.

–Bueno, eso de buenos tiempos... Depende, un gladiador o un esclavo no lo disfrutaría mucho –comenta Ramón con ironía.

–No, yo sería lo que soy ahora. Un **emeritense** orgulloso de su ciudad y con una hija que es la mejor actriz de España.

–Bueno, si piensas así, presta más atención a la obra, que ahora está terminando –comenta Inés.

–No, todavía queda un rato –dice Ramón y continúa –ahora **aparece** el **adivino** Tiresias, que avisa a Creonte de que tiene que dejar enterrar a Polinices, si no quiere que "alguien de su sangre" pague por sus errores.

–¡Vaya, qué bien te lo sabes! Pero no nos cuentes el final –dice Antonio.

–Es que Ramón no se pierde una representación de Inés, al contrario que tú. ¿Verdad, Ramón?

Ramón **enrojece** un poco.

–Claro, es normal, ¿no? A ella le gusta que yo asista como públi-

siglo *m*	Jahrhundert
d. C. (después de Cristo)	n. Chr.
emeritense *m/f*	Einwohner(in) von Mérida
aparecer *irr*	auftreten; erscheinen
adivino/a *m/f*	(Hell-) Seher(in), Wahrsager(in)
enrojecer *irr*	erröten
molesto	verärgert, genervt

co, aunque no quiere que asista a los ensayos porque dice que se pone nerviosa... Qué raro, ¿verdad? Se pone nerviosa en los ensayos pero no en la representación final. ¿Ustedes lo entienden? –pregunta dirigiéndose a los padres de Inés.

–No, pero a las mujeres a veces no las entiende nadie –dice Antonio.

–Eso lo dirás tú, que nunca entiendes nada –dice Inés a su marido, molesta por el comentario.

Ejercicio 2: Palabra escondida. Übersetzen Sie die Begriffe und enträtseln Sie das Lösungswort!

1. Aufführung _ _ _ _ _ _ _ _ ☐ _ _ _ _ _
2. nervös _ ☐ _ _ _ _ _ _
3. Blut _ ☐ _ _ _ _
4. Hauptstadt _ _ _ _ ☐ _ _
5. Irrtum _ _ _ _ ☐
6. Säule _ ☐ _ _ _ _ _

Lösung: ☐☐☐☐☐☐

Luego se representa la disputa entre Antígona y su hermana, Ismene.

–Es Laura del Tilo –comenta Inés–. Es una actriz muy buena también. Felisenda y ella son muy amigas.

participar en	an etw. teilnehmen
entierro *m*	Begräbnis
ofrecer(se) *irr*	(sich) anbieten
angustia *f*	*hier*: tiefe Traurigkeit, Kummer, Angst
recorrer	entlanggehen, -laufen, durchqueren
escalofrío *m*	Schauder

Ismene, en la obra, dice que ella también participó en el entierro de Polinices. Se ofrece a ser sacrificada junto a Antígona. Pero Antígona sabe que esto es falso, y así lo dice ante Creonte y los jueces. Antígona es conducida a prisión, condenada a muerte. Felisenda mira con increíble angustia, el público está emocionado.

A Antonio, al escucharla, lo recorre un escalofrío, no sabe por qué. Entonces aparece el adivino Tiresias.

–¡Pero si es Pepe Preciado! –exclama Ramón.

–¿Conoces a ese actor? –pregunta Inés–. Es la primera vez que lo veo...

–Sí, era profesor de griego en el instituto donde yo estudié. Pero creo que se jubiló.

Ejercicio 3: Plural. Bilden Sie den Plural der folgenden Wörter! Achten Sie dabei besonders auf die Akzente.

1. prisión ______________________
2. rey ______________________
3. representación ______________________
4. actor ______________________
5. atención ______________________
6. teléfono ______________________

–¡Qué curioso! ¡Parece que encontró un trabajo nuevo!
Tiresias, junto a un coro de ancianos, le propone al rey Creonte cambiar de actitud. Este, finalmente, acepta y decide liberar a Antígona.
–Ahora llega la parte más emocionante –dice la madre de Felisenda–. Pero también la más triste.

anciano/a *m/f*	alte(r) Frau/ Mann, Greis(in)
celda *f*	Zelle
de repente	plötzlich
acercarse (a)	sich nähern (an)
murmullo *m*	Murmeln
preocupación *f*	Besorgnis
pálido	blass, bleich

Los padres de Felisenda y su novio hablan en voz muy baja. Todo el público mira con emoción.
Hemón llega a la celda de Antígona para liberarla, pero la encuentra en el suelo, inmóvil. Hemón la toca y comienza a llorar por ella. De repente, Hemón parece ponerse nervioso, pero continúa. Otra vez se acerca a Antígona, le toca la frente y le toma el pulso.
Un murmullo de preocupación se expande por el público. De repente el actor Luis Manuel Duque grita:
–¡Un médico! ¡Llamen a un médico!

Ejercicio 4: Formas del verbo. Lesen Sie weiter und unterstreichen Sie das passende Wort!

Rápidamente **1.** llega / llegó un médico que examina a Felisenda. El médico **2.** se pone / se puse pálido y ordena que **3.** llevan / lleven a Felisenda de inmediato al hospital.
–¿Qué le ha **4.** pesado / pasado a mi hija? –**5.** grita / grite Antonio, desesperado.

-Lo siento mucho, señor Gimeno -le **6.** digo / dice el médico.

La señora Gimeno se **7.** desmaya / desmayo .

Mientras, Ramón no **8.** para / pare de llorar y se pregunta:

-¿Por qué? ¿Por qué?

Al día siguiente, los periódicos, las noticias de la radio y la televisión solo hablan de la extraña muerte de la joven actriz Felisenda Gimeno. La madre de Felisenda duerme, tras tomar unos tranquilizantes, atendida por una psicóloga. Su padre, Antonio, está sentado en un sillón, quieto y silencioso como una estatua. No contesta al teléfono y no sale de casa, pues sabe que está rodeado de periodistas. En una mesa a su lado está extendido 'El Periódico de Extremadura', con un gran titular sobre una fotografía de Felisenda Gimeno:

JOVEN PROMESA DE LA ESCENA MUERE EN PLENA ACTUACIÓN

La actriz Felisenda Gimeno, de 23 años, falleció anoche cuando estaba representando el papel protagonista de la obra 'Antígona', en el Teatro Romano de Mérida. Aún se ignora la causa de su muerte.

La policía ha anunciado una rueda de prensa para esta tarde. Numerosas personalidades del mundo del espectáculo han transmitido sus condolencias a la familia Gimeno.

A mediodía suenan unos golpes en la puerta. Antonio, de repente, se levanta con furia:

–¿Por qué no podrán dejarme en paz?

Antonio abre la puerta, con la idea de enfrentarse a los periodistas. Sin embargo, son dos agentes de policía.

–Señor Gimeno, ya tenemos los resultados de la autopsia.

–¿Ah, sí? Pasen, por favor.

Uno de los agentes mira **fijamente** a Antonio.

–Señor Gimeno. ¿Su hija padecía depresión o tenía algún problema personal grave?

–¡No! –grita Antonio–. Era una chica alegre y estaba muy contenta con su trabajo. Además, iba a casarse pronto. ¿Cómo puede pensar que…?

–Es nuestra **obligación** examinar todas las posibilidades.

–¿Pero qué dijo la autopsia?

–Señor Gimeno, su hija fue **envenenada**.

extraño	seltsam, komisch
tranquilizante *m*	Beruhigungsmittel
atendido por	betreut von
extendido	ausgebreitet
fallecer	sterben, verscheiden
rueda *f* **de prensa**	Pressekonferenz
transmitir sus condolencias	sein Beileid aussprechen
fijamente	aufmerksam, sehr genau
obligación *f*	Pflicht
envenenado	vergiftet

2 Discusión familiar en la casa de campo

Antonio Gimeno decide que lo mejor que puede hacer es **intentar** descubrir al **asesino** de su hija. Aunque la policía ha iniciado una **investigación**, quiere **explorar** otras posibilidades. Recuerda que, hace dos años, leyó la historia de un caso que lo impresionó mucho, en el que un detective **resolvió** el caso de la misteriosa muerte de una estudiante en Salamanca. Tras unos minutos **da con la noticia**, en la página de internet de 'La Tribuna de Salamanca'. Allí encuentra el nombre del detective, un tal comisario José Márquez. Lo busca en las '**Páginas Amarillas**'.

Ejercicio 5: ¿Ser, estar o haber? Ergänzen Sie *ser*, *estar* oder *haber* in der richtigen Zeitform!

1. José Márquez _______________ un detective privado.
2. Antonio cree que su hija _______________ asesinada.
3. En Mérida _______________ muchas ruinas romanas.
4. _______________ la primera vez que Antonio veía actuar a su hija.
5. Pepe Preciado _______________ profesor de griego.
6. Mérida _______________ la capital de la provincia de Lusitania.

Antonio encuentra un número de teléfono de Madrid, al que llama. Al principio nadie responde. "¿Será un número falso?", se pregunta Antonio. Finalmente, una voz malhumorada responde:
–¿Dígame?
Antonio le cuenta el caso de su hija. Al otro lado del aparato, el detective lo escucha atentamente. Al terminar, acepta **encargarse del** caso.
–Estaré en Mérida hoy mismo.
Márquez toma su coche y **pone rumbo a** Extremadura. A la salida de Madrid, como casi siempre, hay un **atasco**. Márquez, para no ponerse demasiado **impaciente** pone un CD de Nino Bravo, uno de sus cantantes preferidos, de los años sesenta. Una vez que toma la autovía de Extremadura, la carretera está mucho más libre. Márquez contempla las inmensas **llanuras** con **encinas**, llamadas **dehesas**, típicas de Extremadura.

intentar	versuchen
asesino/a *m/f*	Mörder(in)
investigación *f*	Untersuchung, Ermittlung
explorar	erkunden, untersuchen
resolver *irr*	lösen
dar *irr* **con una noticia**	*hier*: eine Information (im Internet) finden
Páginas *f pl* **Amarillas**	Gelbe Seiten
encargarse de algo	sich um etw. kümmern
poner *irr* **rumbo a**	eine Route einschlagen, Kurs nehmen auf
atasco *m*	Stau
impaciente	ungeduldig
llanura *f*	Ebene
encina *f*	Steineiche
dehesa *f*	Weide; Koppel

Ejercicio 6: Preposiciones. Lesen Sie weiter und wählen Sie die richtige Präposition aus!

El viaje **1.** en / con coche hasta Mérida dura tres horas y media. **2.** En / A mitad de camino, Márquez hace una pausa en Trujillo **3.** por / para tomar café en un restaurante. Ya **4.** sobre / desde la autopista, la pequeña ciudad de Trujillo es inconfundible, con su gran castillo que, **5.** sobre / frente el Cerro del Zorro, domina el resto de los edificios. Trujillo es conocida también **6.** por / para ser el lugar donde nació Francisco Pizarro, **conquistador** del Perú.

En el restaurante, Márquez observa con **curiosidad** la gran variedad de jamones y quesos puestos a la venta. Los jamones, el lomo y el chorizo de Extremadura son conocidos en toda España. Márquez piensa que no sería mala idea comprar uno de esos jamones, que parecen mejores y más baratos que los que puede ver en Madrid, pero decide que lo hará después de resolver el caso, como **recompensa**.

conquistador *m*	Eroberer
curiosidad *f*	Neugier
recompensa *f*	Belohnung
zona *f* residencial	Wohngebiet

Márquez vuelve a tomar el coche y, tras una hora y cuarto, entra en Mérida. Desde la lejanía, lo primero que ve es el Puente Lusitania (i), que contrasta con el antiguo puente romano.
Márquez lleva un navegador GPS para orientarse en la ciudad. Es la primera vez que visita Mérida. Ha marcado la calle Pardo que queda en una **zona residencial**. Cuando llega, ve que junto al bloque

Die vom spanischen Stararchitekten Santiago Calatrava entworfene Lusitania-Brücke über den Fluss Guadiana wurde errichtet, um die bis dahin einzige Verbindung der beiden Flussufer, die alte Römerbrücke, zu entlasten. Diese ist heute nur noch für Fußgänger zugänglich.

de pisos hay furgonetas de Televisión Española, Tele 11, Antena 13 y varias cadenas de radio y televisión regionales. Márquez hace un **gesto de disgusto**, no le **apetece** hablar con periodistas. Baja del coche y llama a la puerta. Nadie contesta, pero dos minutos después baja un hombre joven, muy bien vestido, al que Márquez no conoce.

–Buenos días. **Supongo** que es usted el señor Márquez. Yo soy Enrique, el hermano de Antonio.

–¿Dónde está Antonio? ¿Le ha pasado algo? –pregunta Márquez **preocupado**.

–No, está bien. Bueno, **dentro de lo que cabe** –se corrige Enrique–. Se ha ido a su finca, **estaba harto de** los periodistas. Yo le indicaré el camino.

La finca de la familia Gimeno está a unos veinte kilómetros de Mérida, cerca del **embalse de Proserpina**, construido por los romanos. Durante el viaje, Enrique no dice casi nada, solo le enseña el camino. Parece concentrado en sus pensamientos, y Márquez prefiere respetar su dolor.

La familia Gimeno tiene una gran casa, con piscina y jardín. Enrique llama a la puerta. Tras unos momentos, les abre la puerta Antonio, que **muestra señas de** no haber dormido y de haber llorado mucho.

–**Lo acompaño en el sentimiento**, señor Gimeno –le dice Márquez, dándole un abrazo–. Le

gesto *m* de disgusto	Geste der Verärgerung
apetecer *irr*	mögen, Lust haben auf
suponer *irr*	annehmen, vermuten
preocupado	besorgt
dentro de lo que cabe	im Rahmen des Möglichen
estar *irr* harto de algo	etw. satt haben
embalse *m* de Proserpina	Proserpina-Talsperre (aus römischer Zeit)
mostrar *irr* señas de	Anzeichen von etw. zeigen
Lo acompaño en el sentimiento.	Mein Beileid.

prometo que haré todo lo posible para encontrar al **culpable**.
–Eso espero. No entiendo cómo puede haber tanta maldad… Una chica tan joven…
–¿Cómo está su esposa? –pregunta el detective.
–Mal. Muy mal. Ahora está durmiendo, el psicólogo le dio unos tranquilizantes.
En ese momento aparece Ramón. Antonio lo presenta:
–Este es el detective Márquez. Ramón era el novio de mi hija.
Márquez le **da el pésame** también a Ramón. Nota que la familia está destrozada y que tiene que pasar a la acción sin perder tiempo.

culpable *m/f*	Schuldige(r)
dar *irr* **el pésame**	Beileid aussprechen

Ejercicio 7: Vocabulario. Ordnen Sie dem Verb das passende Substantiv zu!

1. ☐ abrir	a) un país
2. ☐ resolver	b) un jamón
3. ☐ representar	c) una posibilidad
4. ☐ poner	d) un abrazo
5. ☐ hacer	e) un periódico
6. ☐ conquistar	f) una puerta
7. ☐ dar	g) un viaje
8. ☐ comprar	h) un caso
9. ☐ examinar	i) un papel
10. ☐ leer	j) un CD

–Mérida es una ciudad pequeña –comenta Márquez–. Quizás conocen ustedes a todas las personas que se relacionaban con Felisenda, y saben si alguna podía tener algún motivo para hacer algo así.
–Felisenda, cuando no estaba trabajando, pasaba todo su tiempo conmigo o con su familia –dice Ramón–. Por lo demás, pasaba muchas horas con la gente del teatro.
–¿Qué tipo de gente es? –pregunta el detective.
–Yo no los conozco mucho –contesta Ramón–. Felisenda tenía dos vidas. Una para el teatro y otra para su familia y para mí. En general, creo que son gente algo orgullosa, creen que son especiales y que lo que hacen es muy importante…
–Bueno, Ramón, esa es tu opinión personal, no creo que le importe al señor Márquez –interrumpe Enrique.

llevar la contraria a alguien	jdm. widersprechen
ϟ **perturbado/a** *m/f*	Geistesgestörte(r)
iluminar con sabiduría	mit Wissen erhellen
darse *irr* **cuenta de**	etw. bemerken

–Enrique, como siempre, tiene que **llevarme la contraria** –dice Ramón, de mal humor.
–Me interesan las opiniones personales –dice Márquez–. ¿Tiene usted alguna idea?
–Creo que Felisenda no tenía enemigos y que el crimen pudo cometerlo algún **perturbado**, algún psicópata. Precisamente hace dos días vi una noticia en el periódico que me llamó la atención…
–A ver, **ilumínanos con** tu **sabiduría**, Enrique –dice Ramón.
El comisario Márquez **se da cuenta de** que Ramón y Enrique se llevan muy mal.
Enrique busca en su cartera, saca un recorte del diario 'Hoy' y se lo entrega a Márquez, el cual lee:

INTERNO HUIDO DEL HOSPITAL PSIQUIÁTRICO

José Manuel B., un joven de veinticinco años, interno desde hace cinco años en el Hospital Psiquiátrico de Mérida, huyó ayer de la clínica, según informó la dirección del hospital. El joven padece una esquizofrenia grave y necesita tomar medicamentos diariamente. Se advierte a quienes lo vean que puede ser peligroso, y se ruega que avisen a la policía.

Junto a la noticia aparece la fotografía de un chico con pelo rizado y rubio y cara aniñada. Ramón, al ver la fotografía, comenta:
–No parece nada peligroso. Más bien da compasión, el pobre…

Ejercicio 8: Presente. Lesen Sie weiter und setzen Sie die richtigen Verbformen im Präsens ein!

-Yo no **1.** decir ____________ que haya sido él - **2.** decir ____________ Enrique-. Solo pienso que **3.** ser ____________ una posibilidad.

-Hay que tener en cuenta todas las hipótesis - **4.** contestar ____________ Márquez-. ¿ **5.** Poder ____________ llevarme el recorte de periódico?

-Por supuesto, comisario - **6.** responder ____________ Enrique y **7.** sonreír ____________.

-Me gustaría contactar a los miembros de la compañía de teatro donde trabajaba Felisenda.

–Yo **8.** tener ________________ sus teléfonos. Espere un momento –le informa Ramón.

Mientras tanto, Antonio, sentado en el sillón, parece **hundido en sus pensamientos**. De repente exclama:

–Yo no **9.** creer ________________ que a mi hija la haya matado un perturbado, un loco. Justo en la noche del estreno... **10.** Estar ________________ seguro de que fue un crimen cuidadosamente calculado... No **11.** saber ________________ quién sería, pero si alguna vez lo **12.** ver ________________ frente a mí... **No saldrá con vida...**

Todos quedan en silencio durante un momento. Por el tono de Antonio saben que habla **en serio**.

Finalmente, Márquez toma la palabra:

–Confíe en la justicia, señor Gimeno. La policía seguro que está buscando al criminal, y yo haré todo lo posible, como le he dicho.

Entonces llega Ramón con la lista de teléfonos:

–Estos son los números de cada uno de los actores y actrices y el de la compañía.

interno/a *m/f*	Insasse, Insassin
huir *irr*	fliehen
esquizofrenia *f*	Schizophrenie
rizado	gelockt
miembro *m*	Mitglied
compañía *f* **(de teatro)**	(Theater-)Truppe, Ensemble
hundido en sus pensamientos	in Gedanken versunken
no salir *irr* **con vida**	nicht überleben
en serio	im Ernst

–'Teatríptico', qué nombre tan original…

–Se llama así por tener tres actrices principales –explica Enrique–. Ahora tendrá que cambiar de nombre…

Antonio y Ramón miran a Enrique muy serios. A Márquez le parece también que ese comentario estaba fuera de lugar.

serio	ernst
estar *irr* fuera de lugar	fehl am Platz sein, unangebracht sein

3 Un grupo muy peculiar

Márquez tiene una cita con la gente del teatro en el bar Los cien montaditos, cerca de la Plaza de España, en el centro de Mérida. Cuando Márquez llega al bar, reconoce enseguida quiénes son. En una mesa están sentadas dos chicas y dos chicos, con ropas aparentemente descuidadas pero a la vez muy vistosas. Están hablando muy animadamente pero cuando ven entrar al comisario Márquez se callan todos al instante. El detective se da cuenta de este detalle, pero hace como si no lo hubiera notado y se dirige con una sonrisa hacia el grupo:

–¡Hola, chicos! Soy el comisario Márquez. Me alegro de poder conoceros.

–Yo soy Laura del Tilo –dice una chica, alta y pelirroja, con unos profundos ojos azules, y que lleva un llamativo vestido verde.

–Y yo soy Fernando Gutiérrez –dice uno de los chicos. Es un joven alto, moreno y con gafas que está sentado con su brazo sobre el hombro de Laura.

–Yo me llamo Ainara Urrutia –dice otra chica, morena y con el pelo corto, más bien baja de estatura, que lleva una camiseta del grupo teatral.

peculiar	besonders, eigen, speziell
montadito *m*	kleine belegte Brotschnitte
descuidado	nachlässig, ungepflegt
vistoso	*hier*: kleidsam; ansehnlich
callar(se)	schweigen, verstummen
sonrisa *f*	Lächeln
pelirrojo	rothaarig
llamativo	auffällig
hombro *m*	Schulter

–Encantado –dice Márquez–. ¿Eres vasca, verdad? –pregunta dirigiéndose a Ainara.

reflexionar	nachdenken
interrogar	befragen, verhören
asesinado/a *m/f*	Ermordete(r)
dudar	zögern; (an) zweifeln
testigo *m/f*	Zeuge, Zeugin

–Sí, soy de Irún. ¿Cómo lo sabe?

–Por el nombre, lo he supuesto –contesta Márquez.

–Umm... Se ve que es usted un detective –comenta ella. Sus compañeros ríen.

Entonces interviene el otro chico del grupo, que hasta ahora había permanecido en silencio:

–Yo soy Luis Manuel Duque –le dice, dándole la mano al comisario Márquez.

–Encantado. Tú por tu acento debes ser argentino, ¿verdad?

–¿Argentino yo? No, por favor, soy uruguayo.

–De acuerdo, disculpa –dice Márquez, sonriendo.

–¿Qué queréis tomar? –pregunta Laura, levantándose para ir a la barra y pedir las bebidas.

Márquez **reflexiona** un momento. Le parece que ese no es el lugar adecuado para **interrogar** a los compañeros de la **asesinada**. Se ha dado cuenta de que muchas personas los miran con curiosidad y de que comentan cosas en voz baja. "Las cosas de las ciudades pequeñas", piensa Márquez y propone:

–Creo que sería mejor ir a un sitio más tranquilo.

–¿Por qué? Este sitio está bien, ¿no? –dice Laura–. Además ponen unos montaditos riquísimos.

Márquez, ante ese argumento, **duda** un momeno pero reacciona:

–No, creo que sería mejor ir al lugar de los hechos. Al Teatro Romano de Mérida.

Márquez sale del bar y llama con su móvil a la comisaría de policía de Mérida. Les pide que prohíban la entrada al Teatro Romano durante una hora, para estar solo con los actores. Le contestan que no hay problema, pero que deberá esperar una media hora.

Ejercicio 9: Plural. **Setzen Sie die unterstrichenen Satzteile in den Plural!**

1. Creo que debo ir al lugar de los hechos.

   ____

2. El detective se dio cuenta de este detalle.

   ____

3. Voy al bar a tomarme un café con leche.

   ____

4. El **testigo** avisó a la policía.

   ____

El Teatro Romano queda justamente al lado del anfiteatro y fue construido solamente unos diez años después.

Márquez decide entonces ir a pie hasta allí, por la calle Santa Eulalia, la calle más famosa de Mérida, donde están las tiendas más conocidas. Cerca de ella está el majestuoso Templo de Diana (i), rodeado de enormes columnas y que fue construido en el siglo I. Luego toman la calle de José Ramón Mélida y la calle del Museo,

Das heutige Mérida, das schon zur Römerzeit unter dem Namen *Emerita Augusta* die Hauptstadt der Provinz Lusitania war, besitzt zahlreiche Sehenswürdigkeiten aus den Zeiten der Römer, der Westgoten, der Mauren und des christlichen Mittelalters. 1993 wurde die heutige Hauptstadt der Region Extremadura von der UNESCO zum Weltkulturerbe ernannt.

interrogatorio *m*	Befragung, Verhör
ofender	kränken, beleidigen
codazo *m*	Ellbogencheck, Stoß mit dem Ellbogen

donde está el Museo Nacional de Arte Romano, diseñado por el famoso arquitecto Rafael Moneo, y donde se conservan las piezas arqueológicas romanas. En la entrada, tres agentes de policía los están esperando. Muchos peatones los miran y hacen comentarios al reconocer al grupo de actores.

Márquez se siente impresionado al ver el Teatro Romano, pero enseguida comienza el interrogatorio.

–Supongo que estaréis todos muy afectados por la muerte de vuestra compañera…

Nadie contesta en un principio. Finalmente, Laura dice:

–Por supuesto. Felisenda era una chica genial, alegre, muy trabajadora… Además nosotros somos como una familia.

–Felisenda era la actriz principal, ¿verdad? –pregunta Márquez.

–En esta obra, sí –dice Laura–. Pero no siempre era así.

–Por ejemplo, en la representación de 'Macbeth', Laura fue Lady Macbeth –interviene Fernando–. No sé si vio usted la prensa…

–No –dice Márquez–. Tengo que reconocer que no sigo mucho la actualidad teatral.

Fernando y Laura hacen un gesto de sorpresa, y Márquez piensa que quizás los ha ofendido con su comentario.

–No es que no me guste el teatro, pero es que siempre tengo mucho trabajo –explica–. ¿Entonces, en cada obra cambia el papel de actriz principal?

–No siempre. De hecho, yo pensaba que Laura sería Antígona, después de su maravillosa actuación en el Teatro de la Comedia como Lady Macbeth… No entiendo por qué escogieron a Felisenda para ese papel, es buena, pero creo que Laura lo habría hecho mejor…

Laura, de repente, parece nerviosa por los comentarios de Fernando y le da un leve codazo. Fernando se calla. Entonces interviene Luis Manuel:

Ejercicio 10: ¿Presente, imperfecto o indefinido?
Lesen Sie weiter und setzen Sie die Verben ins Präsens, Imperfecto oder Indefinido!

-No entiendo para qué hablar de eso. Aparte de que el Festival **1.** ser, Imp. ________________ en Extremadura, la región de Felisenda, todos nosotros **2.** estar, Ind. ________________ de acuerdo en que ella **3.** ser, Imp. ________________ la mejor para el papel. ¿O no?

-Creo que eso ahora no **4.** tener, Präs. ________________ importancia. Todos **5.** estar, Präs. ________________ muy tristes por su muerte -dice Ainara-. Yo **6.** esperar, Präs. ________________ que encuentren al culpable, aunque no sé cómo **7.** poder, Präs. ________________ ayudar nosotros.

-Me gustaría saber cómo **8.** encontrarse, Imp. ________________ Felisenda antes del estreno -dice Márquez-. ¿Quién **9.** estar, Ind. ________________ con ella esa noche antes de la actuación?

-Yo no - **10.** decir, Präs. ________________ Laura.

-Yo tampoco - **11.** decir, Präs. ________________ Fernando y Ainara.

-Ni yo -responde Luis Manuel-. Ella **12.** querer, Imp. ________________ estar sola para ensayar su papel, como lo **13.** hacer, Imp. ________________ normalmente. La única persona que la **14.** ver, Ind. ________________ fue la maquilladora...

–¿Podría ver a esa maquilladora? –pregunta Márquez.
–Supongo que sí. Yo tengo su teléfono, si quiere, puedo llamarla –dice Ainara.
Veinte minutos después llega Loles Ramos, peluquera y maquilladora profesional. Es una mujer pelirroja, de unos cuarenta años, y parece muy nerviosa. Márquez le da la mano con una sonrisa:
–Encantado de conocerla, señora Ramos. Supongo que sabe por qué la he llamado.
–Claro, por lo que pasó a Felisenda. ¡Pobre chica! –exclama, y se le escapa un sollozo.
–Es algo muy triste, y sé que hablar de ello es doloroso, pero tenemos que encontrar al asesino que cometió ese acto tan horrible –dice Márquez.
–No sé cómo puedo ayudarlo... –dice la señora Ramos.
Márquez se siente un poco molesto al oír de nuevo este comentario.

–En primer lugar, parece que fue usted la última persona en verla antes de la actuación, ¿no es verdad?
–Sí. La estuve peinando y maquillando. No **tardé** mucho, el personaje de Antígona no necesita tanta preparación como otros. Luego la dejé sola, porque quería ensayar.
–¿Cómo la encontró?
–Normal, muy animada, nada nerviosa.
"Al contrario que vosotros ahora", piensa Márquez, que encuentra algo **sospechosa** la actitud de los compañeros de Felisenda. No sabe por qué, le parece que ocultan algo, pero, ¿cómo **comprobarlo**?
De repente, comienza a sonar el móvil de Márquez. Es el comisario de policía de Mérida.
–Márquez, venga inmediatamente junto al anfiteatro. Ha habido un **intento de asesinato**.
Márquez sale rápidamente hacia el anfiteatro. Cuando llega, la policía intenta **desviar la atención** de un numeroso grupo de turistas. Un muchacho delgado, vestido de gladiador, grita cosas extrañas:
–¡Soy inocente! –grita el chico, muy nervioso–. ¡El César me mandó hacerlo!
Un agente de policía, alto y con una gran barba negra, se acerca a Márquez.
–Supongo que es usted el detective Márquez. Gracias por venir tan pronto.
–¿Qué está gritando ese chico? –pregunta Márquez, muy **extrañado**.

maquilladora *f*	Visagistin
sollozo *m*	Schluchzen
tardar en hacer algo	sich Zeit lassen, etw. zu tun, Zeit brauchen
sospechoso	verdächtig
comprobar *irr*	(über)prüfen
intento *m* de asesinato	Mordversuch
desviar la atención	die Aufmerksamkeit ablenken
extrañado	verwundert

–Es José Manuel Blázquez, el chico que escapó del psiquiátrico. Padece una esquizofrenia grave, lo estábamos buscando. No sabemos cómo llegó aquí.
–¿Y quién es la víctima? –pregunta Márquez.
–Es un turista norteamericano que estaba haciendo fotos del anfiteatro. Los médicos que lo han reconocido dicen que tiene heridas graves en la espalda y en los brazos, pero su vida no corre peligro.
Márquez contempla a José Manuel, al que un agente ha puesto las esposas e intenta tranquilizar.
–¿De dónde habrá sacado ese disfraz de gladiador? –pregunta Márquez.
–No tengo ni idea –dice Pantoja–. Pero no creo que él se lo diga. Tiene problemas mentales muy graves.

Ejercicio 11: Preposiciones. Setzen Sie die richtige Präposition ein!

1. Me gusta pasear ______ la calle Santa Eulalia.
2. El agente dio las gracias a Márquez ______ venir tan pronto.
3. Fernando cree que Felisenda no era la actriz adecuada ______ el papel de Antígona.
4. Pero todos sus compañeros están muy tristes ______ su muerte.
5. Márquez y los actores fueron ______ pie hasta el teatro.
6. El policía es un hombre ______ unos cuarenta años, ______ una abundante barba negra.

Márquez mira al joven José Manuel, que **se agita** ahora **murmurando** frases **ininteligibles**. El detective siente algo de compasión. ¿Cómo puede **caer** un chico así en la **locura** y cometer un acto tan absurdo como **agredir** a un turista con una **espada**? Es un misterio. Entonces pregunta a Pantoja:

–Agente, me gustaría interrogar al **detenido**, si me dan su permiso.

Pantoja mira a Márquez y después de reflexionar, contesta:

–Tendré que hablar con el comisario de Mérida, pero no creo que haya ningún **inconveniente**.

padecer *irr*	leiden an
herida *f*	Wunde, Verletzung
espalda *f*	Rücken
poner *irr* **las esposas**	Handschellen anlegen
agitarse	sich hin und her bewegen, sich schütteln
murmurar	murmeln
ininteligible	unverständlich
caer(se) *irr*	fallen
locura *f*	Irrsinn
agredir	anfallen, angreifen
espada *f*	Schwert
detenido/a *m/f*	Häftling
inconveniente *m*	Schwierigkeit, Hindernis

4 "O conmigo o con nadie"

Poco después, Márquez se encuentra en el Hospital Psiquiátrico de Mérida, donde ha sido conducido José Manuel Blázquez para ser **internado**.

Márquez espera el permiso para **acceder** a su habitación. Entonces viene una mujer algo mayor, de baja estatura y gesto serio, con una **bata** blanca.

internar	einweisen
acceder	gelangen
bata *f*	Kittel
sorprendido	erstaunt
abandonar	verlassen

–Buenos días, señor...

–Márquez, comisario Márquez.

–Soy la doctora Gloria López. Me han dicho que usted quiere hablar con José Manuel.

–Sí, quería interrogarlo sobre lo que ha pasado hace unas horas... Pero me gustaría conocer su opinión. ¿José Manuel es un loco peligroso?

–Yo no lo diría. Todos estamos muy **sorprendidos** y muy tristes por lo que hizo. Afortunadamente parece que el turista se recuperará pronto. No sé qué decirle, tengo que hablar aún con José Manuel para aclarar lo que pasó, ahora está un poco confuso, no sé si es buena idea que lo interrogue.

–¿Qué le pasó a ese chico? ¿Por qué está así?

–Tuvo una infancia difícil. Su padre **abandonó** a su madre cuando él era muy pequeño. Eso lo ha afectado especialmente. Creo que desde muy pronto buscó una figura paterna. Es fácilmente manipulable. Sufrió mucho por eso... –termina la doctora, en tono algo triste.

–Vaya. Es una muy triste historia –dice Márquez–. Pero comprenda, doctora López, que debo hablar con él. Ya sabe que hace dos días hubo un asesinato muy cerca de donde hemos encontrado hoy a José Manuel.

asesinato *m*	Mord
exigir (algo de alguien)	(etw. von jdm.) verlangen, (jdm. etw.) abverlangen
pese a todo	nichtsdestotrotz
asustado	erschrocken

Gloria mira fijamente con mucha seriedad a Márquez.
–Es extraño... Pero José Manuel tenía mucha imaginación, seguramente le gustaba estar entre las ruinas e imaginarse que era otra persona. Pero en cuanto al asesinato de Felisenda, estoy segura de que José Manuel no tiene nada que ver. Fue envenenada, ¿no se da cuenta? Eso exige una actuación planeada de la que es incapaz ese chico.
–Pese a todo, querría hablar con él.
–Hagamos un trato. Yo hablaré con él, con usted presente.

Ejercicio 12: Formas del verbo. Unterstreichen Sie die richtige Variante!

1. El padre de José Manuel se fue / iba de casa.
2. Márquez y la doctora López se pusieron / ponían de acuerdo.
3. Márquez dice que quería / querría hablar con José Manuel.
4. Todos estaban / estaba muy tristes por lo que pasó con Felisenda.

Márquez y la doctora López entran en la habitación de Blázquez. Este mira asustado a Márquez.

–No **te preocupes**, José, es un amigo mío –lo tranquiliza la doctora López.

–¿Y qué quiere? ¿Por qué está aquí?

–Porque estaba buscándote. Estábamos muy (i) preocupados, desde que te fuiste sin decir nada.

preocupar(se)	(sich) Sorgen machen, beunruhigen
molestar	belästigen stören
enfadarse	sich ärgern

José Manuel no contesta, y mira la pared fijamente.

–¿Dónde estuviste todos estos días?

–Por ahí, de paseo.

–¿Estuviste en el Teatro Romano?

José Manuel parece sorprendido por la pregunta.

–No... Quiero decir, sí. ¿Por qué? Mucha gente fue, ¿no? Es el festival más importante de Mérida. Quería verlo yo también...

–¡Me parece estupendo! –exclama Gloria–. ¿Por qué no me avisaste? Yo también estaba allí. ¿Por qué parte estabas tú sentado?

–Por donde... –José Manuel se queda callado y luego grita–. ¿Por qué no se va ese señor? No me gusta como me mira.

–De acuerdo, me iré si es lo que quiere José Manuel. No quiero **molestar** –dice Márquez, disponiéndose a irse.

–Perdone, señor. Puede quedarse. Es que estoy algo nervioso. Es que no sé qué quiere el César.

–¿Qué César? –pregunta Gloria.

–El César me ordena cosas y **se enfada** mucho si no las hago.

Gloria mira asustada a José Manuel.

Die Adverbien *muy* und *mucho* werden häufig verwechselt. *Muy* steht vor einem Adjektiv oder Adverb und wird in der Regel mit „sehr" übersetzt. *Mucho* steht dagegen allein hinter einem Verb, auf das es sich bezieht.
La doctora está muy preocupada.
Die Ärztin ist sehr besorgt.
José Manuel se asusta mucho.
José Manuel erschreckt sich sehr.

–¿Quién es el César, José? ¿Es alguien del hospital?
José Manuel sonríe:
–No, él vive en un palacio. El César tiene más poder del que usted cree.
Entonces, Márquez decide intervenir:
–Tiene razón José Manuel, es un hombre muy poderoso.
–¿Ves? Ya lo decía yo –dice José Manuel sonriente–. Este hombre también le conoce.
–¿Y quién más conoce al César?
–Oh, mucha gente...
–¿Esa noche, estuvo alguien con el César, o solo tú?

Ejercicio 13: Indefinido. **Formulieren Sie die folgenden Sätze im Indefinido!**

1. Él es profesor de griego en el instituto en el que estudio.

____

2. Márquez duda un momento, pero luego toma una decisión.

____

3. Cuando Márquez llega al hospital, se encuentra con la doctora.

____

4. Loles Ramos peina y maquilla a Felisenda.

____

5. La doctora está en el Teatro Romano.

____

–No, el César visitó también a los actores, dándoles permiso para actuar... –dice José Manuel, sonriendo.

Márquez sonríe. Las cosas comienzan a **encajar**.

–De acuerdo, José, creo que vamos a dejarte descansar un rato, luego volveremos, ¿vale? –le dice la doctora.

Gloria López y el comisario salen de la habitación de Blázquez.

encajar	zusammenpassen, sich zusammenfügen
enterarse (de algo)	(etw.) erfahren
cariñosamente	zärtlich, liebevoll
vestuario *m*	Garderobe
desnudo	nackt

Márquez, entonces, llama a todos los miembros del Teatríptico. Cuando llegan, Laura y Ainara, que no se **enteraron de** la agresión al turista, saludan **cariñosamente** a Blázquez. Laura lo abraza y le da dos besos en las mejillas:

–José, ¿qué haces aquí? –le pregunta, pero el chico no contesta.

–¿De qué conocen a este muchacho? –pregunta Márquez con seriedad.

–Apareció en los ensayos de 'Antígona', como un admirador demasiado curioso... –dice Laura–. Al principio me enfadé porque quiso entrar en el **vestuario** cuando estaba casi **desnuda**, pero luego se lo [i] perdoné. Es tan inocente...

–¿Ustedes lo conocen también? –pregunta Márquez a Luis Manuel y Fernando.

–Sí, lo vimos la noche anterior a la del estreno. Un chico un poco curioso, pero en fin, no lo hace con mala intención –dice Luis Manuel, sonriendo.

Kommen in einem Satz mehrere Objektpronomen vor, steht das indirekte Objekt vor dem direkten Objekt. Stoßen dabei die Pronomen der 3. Person aufeinander, werden *le* und *les* zu *se*. *Se lo perdoné.* Ich habe es ihm verziehen.

–Este chico había escapado del psiquiátrico, ¿lo sabían ustedes?

Laura y Ainara parecen muy sorprendidas:

–No, no lo sabíamos –dice Ainara–. ¿Tiene algún problema grave?

–No es momento de hablar de eso, pero sí, este chico necesita tratamiento –dice Márquez, que **mira de reojo** a Luis Manuel y Fernando, pues quiere ver cómo reacciona José Manuel ante ellos.

mirar de reojo	verstohlen ansehen
atreverse a	sich wagen, sich trauen
parecerse *irr* **a alguien**	jdm. ähneln

–Señor Gutiérrez, señor Duque, ¿quién es el César? –pregunta de repente Márquez.

Ambos actores lo miran muy sorprendidos, como si pensaran que quien debería estar en el psiquiátrico es el detective.

–¿Cómo? ¿Qué César?

–José Manuel me ha hablado de un tal César, que le ordena cosas…

Márquez observa muy atentamente a los actores. Mientras Fernando mira con los ojos muy abiertos, Luis Manuel parece pensar algo y no **atreverse a** decirlo. Márquez intenta ayudarle:

–En qué piensa, ¿recuerda a alguien que pueda ser este César?

Luis Manuel parece sorprendido por la pregunta, y responde algo nervioso:

–¡No, no, en absoluto! Estaba pensando en otras cosas pero… no conozco a ningún César.

Márquez mira fijamente a Luis Manuel, sin estar seguro de si dice la verdad o no. Entonces se acerca a José Manuel y le pregunta con seriedad:

–¿Cómo era el César? ¿**Se parecía a** alguno de estos dos hombres?

José Manuel contesta, sorprendido:

–¡No, no! El César era muy diferente, él… no se puede describir…

Márquez entonces se fija en un gesto que hace José Manuel, que se acaricia la barbilla mirando hacia arriba. Ese gesto le recuerda a alguien, pero no sabe exactamente a quién. Se le ocurre una idea.

Ejercicio 14: Formas del verbo. Lesen Sie weiter und setzen Sie die korrekten Verbformen ein!

-De acuerdo, chicos, **1.** creer ________________ que es suficiente. Por el momento, no **2.** necesitar ________________ más de vuestra ayuda, pero **3.** deber ________________ seguir a disposición de la policía para cualquier pregunta.

-Por supuesto, intentaremos ayudar en cualquier cosa para encontrar al asesino de Felisenda -dice Luis Manuel.

Cuando se **4.** ir ________________ los actores, Márquez habla a la doctora López:

-Necesito un permiso especial para salir con José Manuel del psiquiátrico.

-Pero, ¿cómo? ¿Qué es lo que **5.** querer ________________ hacer?

-Creo que él fue utilizado por alguien, pero no sé por quién...

-José Manuel **6.** escaparse ________________ hace unos días, no creo que sea bueno que salga tan pronto.

–Por favor, doctora López, es muy importante.

–Tengo que consultarlo con los otros médicos.

Gloria López se va durante unos minutos, que a Márquez le parecen eternos. Finalmente llega:

–De acuerdo, puede salir con él, pero bajo su exclusiva responsabilidad. Voy a acompañarles.

Entonces, Márquez llama a Antonio, el padre de Felisenda:

–Señor Gimeno, voy ahora a su casa de campo. Necesito hablar con usted, con Ramón y con Enrique.

–¿Qué ocurre? ¿Sabe ya quién fue el asesino de mi hija? –pregunta Antonio con voz muy nerviosa.

–Aún no estoy seguro, pero creo que muy pronto lo sabremos.

–Espero que así sea... De acuerdo, aquí lo esperamos.

–Solo le pido una cosa. Cuando llegue a su casa, quiero hablar con usted a solas, antes de que nos vean Ramón o Enrique –advierte Márquez.

–Como usted quiera. Aunque ellos son de confianza, no voy a decir nada a nadie.

fijarse en	achten auf, bemerken
barbilla *f*	Kinn
ocurrírsele una idea a alguien	eine Idee haben
verja *f*	Zaun
asustar(se)	(sich) erschrecken
acompañar	begleiten

En seguida Márquez va en coche con la doctora López y José Manuel hacia la finca de Antonio. La doctora conduce el coche del psiquiátrico, mientras Márquez le indica el camino. José Manuel, cuando ve que el coche se dirige al campo, se pone muy nervioso.

–¿Adónde vamos? ¿Adónde me lleváis? –pregunta.

–Vamos a ver a unos amigos.

Cuando llegan a la puerta de la verja, comienzan a ladrar unos perros. José Manuel se asusta.

Antonio viene a abrir la puerta. Márquez entra acompañado del chico.

–Vaya, qué pronto ha venido. ¿Quién lo acompaña?

–Es José Manuel, estuvo con Felisenda la noche del estreno.
–¿Cómo? –Antonio se queda helado, y mira con **incredulidad** a José Manuel–. ¿Él…?
–No, él no **tuvo** nada **que ver con** lo que **ocurrió** a su hija –interrumpe Márquez y, a continuación, dirigiéndose a José Manuel–. ¿Conoces a este señor?
–¿Qué preguntas son esas? ¿De qué nos íbamos a conocer?
José Manuel mira a Antonio fijamente, y luego dice:
–No. ¿Por qué me hace esas preguntas? ¿Por qué me ha traído aquí?
–De acuerdo. Señor Gimeno, podría hacer pasar a Ramón. Pero que pase solo él.
Al poco entra Ramón. Está despeinado, sin **afeitar** y con **señales** de haber dormido muy poco.

incredulidad *f*	Ungläubigkeit
tener *irr* que ver con	zu tun haben mit
ocurrir	geschehen, passieren
afeitar	rasieren
señal *f*	Zeichen, Anzeichen; Spur

–¿Qué ocurre? ¿Quién es este?
–¿No lo conoce?
–No, no lo he visto en toda mi vida.
–José Manuel, ¿tiene que ver algo él con el César?
–No lo conozco.
–De acuerdo. Ramón, ¿podrías llamar a Enrique?
–Como quiera, aunque no entiendo este teatro.
Ramón sale de la habitación en busca de Enrique. Entonces se oyen voces. Ramón y Antonio discuten.
–¿Cómo que se fue? ¿Adónde?
–No sé, Ramón, ya sabes cómo es mi hermano, hace lo que quiere…
Entonces, Márquez coge de la mano a José Manuel:
–¡Vamos! –y salen corriendo de la casa–. Gloria, ¿has visto a un hombre salir de la casa?

–Sí, un hombre salió y subió en una furgoneta.
–¿Qué dirección lleva?
–Se fue por el camino dehesa adentro.
Márquez y José Manuel suben al coche y Gloria conduce rápidamente por el sendero lleno de piedras. Mientras, Márquez llama a la policía de Mérida y avisa para que haya control en las carreteras. Afortunadamente, Gloria apuntó la matrícula de la furgoneta.
–Pero no creo que se dirija hacia la carretera. Ese camino sigue por la dehesa.
A los pocos kilómetros, encuentran la furgoneta. Un helicóptero de la policía rastrea la dehesa. Finalmente ven a un hombre cuidando unos árboles.
–Enrique, no sé de qué huye.
–¿Cómo? Ah, señor… detective… ¿cómo está? He venido a mirar estos olivos, que necesitan riego, con este verano caluroso…
–Sí, es verdad, pero quería hacerle unas preguntas.
–Muy bien, y qué quiere saber –responde de repente, en tono desafiante y apoyando la mano en la cintura. Márquez sospecha que lleva una pistola y se pone en guardia.
En ese momento llega José Manuel:
–¡Mi César, por fin te encuentro! –grita el chico y se arrodilla ante Enrique.
–Pero, ¿qué es esto? –pregunta Enrique, confundido.
–¡César, cumplí mi misión, no dejes que me encierren de nuevo!

furgoneta *f*	Lieferwagen
camino *m* dehesa adentro	Weg in Richtung Weide
sendero *m*	Fußweg, Pfad
apuntar	*hier*: notieren
matrícula *f*	Autokennzeichen
rastrear	durchkämmen (Gebiet)
riego *m*	Bewässerung, Gießen
desafiante	herausfordernd
sospechar	vermuten; verdächtigen
arrodillarse	sich hinknien
encerrar *irr*	einsperren

–¿Pero qué dices, de qué misión hablas? –Enrique parece ahora muy nervioso.

–Todas, mi César, defender el Imperio contra el bárbaro extranjero y dar a Cleopatra su **merecido**… –dice José Manuel.

En ese momento, aprovechando el nerviosismo de Enrique, Márquez se lanza sobre él, lo inmoviliza y le pone las esposas.

merecido	verdient
abatido	niedergeschlagen, bedrückt
decidir(se)	(sich) entscheiden
⚡ romper con alguien	mit jdm. Schluss machen
soportar	aushalten, ertragen
insistir	bestehen auf, insistieren

–Creo que tendrás que explicarme algunas cosas. Vamos de nuevo a casa de Antonio –dice el detective.

–¡No! –grita Enrique desesperado–. Contaré todo, pero no delante de mi hermano y de Ramón.

–De acuerdo –dice Márquez–. Lo escucho.

Enrique, **abatido**, comienza a hablar, mirando el suelo:

–Felisenda era mi amante, desde hace mucho tiempo. Nadie lo sabía, solo los actores de Teatríptico, porque nos veíamos durante los ensayos de la compañía…

–¿Ramón nunca sospechó nada?

–No, aunque yo no le soy simpático.

–¿Y por qué **decidió** matarla?

–Ella me dijo que no quería verme más, que quería casarse con Ramón y que tenía que **romper conmigo**. Yo no podía **soportar** la idea de estar sin ella, aunque lo[i] nuestro fuera secreto. Me dijo que si yo **insistía**, ella contaría todo a Ramón, pero que lo contaría "a su

> Der neutrale Artikel *lo* steht vor substantivierten Adjektiven, Ordnungszahlen und Possessivpronomen.
> *lo bueno y lo malo*
> das Gute und das Schlechte
> *lo primero y lo último*
> das Erste und das Letzte
> *lo nuestro*
> das Unsere; das mit uns

manera"... Entonces vi que no podía hacer nada, pero no soportaba la idea de verla casada con otro hombre.
–¿Y cómo **involucró** a José Manuel en todo esto?
–Yo conocía el caso de José Manuel Blázquez... –dice Enrique, y se calla.
–¿Cómo lo conocía?
–Esto es duro de decir pero yo... soy su padre.
–¿Usted es su padre?
–Sí. Así pude llegar al psiquiátrico, verlo, hablar con él y arreglar su fuga.
–¿Pero cómo? La psiquiatra no me dijo nada de usted.
–Fue gracias a otra persona...
–De acuerdo, dará usted los detalles al juez. Siga.
–Sabía del problema de mi hijo y me hice pasar por el César, le exigí **obediencia absoluta**, lo liberé y luego lo oculté en mi casa en Mérida durante unos días. Durante los días anteriores al estreno vino conmigo a los ensayos de 'Antígona' y se hizo amigo de los actores y de Felisenda. La noche antes del estreno volví a verla e intenté **convencerla** de que no me abandonara, pero ella se negó. Entonces, preparé una bebida envenenada y mi hijo, obedeciéndome, se la sirvió a Felisenda el día del estreno y... –Enrique rompe a llorar, no puede seguir.
Márquez lo contempla sorprendido:
–¿Le parecía bien convertir a su hijo en un asesino?
–Él estaba de todos modos en el psiquiátrico...
Márquez, apenado, llama a la policía, hace **detener** a Enrique y evita el encuentro de este con Antonio y Ramón, mientras que a Blázquez lo llevan de nuevo al psiquiátrico.

involucrar	überreden, verwickeln
obediencia *f* absoluta	absoluter Gehorsam; Hörigkeit
convencer *irr*	überzeugen
detener *irr*	festnehmen, verhaften

Test final

Soluciones

Glosario

Tabla de ejercicios

Test final

Ejercicio 1: Comprensión. Können Sie die folgenden Fragen zum Kurzkrimi 'El misterio del Camino de Santiago' beantworten? Formulieren Sie ganze Sätze!

1. ¿Dónde está la Ermita das Ánimas?

____

2. ¿Quién hizo llegar informaciones falsas sobre Raimundo?

____

3. ¿Quién se queda encerrada en la cripta?

____

4. ¿Qué hay en la Isla de la Toja?

____

5. ¿Quién es Maruxa?

____

6. ¿Cuál es el plato más típico de Galicia?

____

Ejercicio 2: Artículos. Bestimmter oder unbestimmter Artikel? Ergänzen Sie die folgenden Sätze!

1. Manuel Louzán es ____________ de los hombres más ricos de la provincia.
2. Maruxa es ____________ mujer de Raimundo.
3. ____________ habitantes de Cordeiro son muy supersticiosos.
4. Creen en ____________ leyenda de la Santa Compaña.
5. El pulpo a la gallega es ____________ plato preferido de Elsa.
6. A Virginia no le gusta ____________ clima de Galicia.

Ejercicio 3: ¿Ser, estar o hay? Setzen Sie in den folgenden Aussagen die korrekten Präsensformen von *ser, estar* oder *hay* ein!

1. En el pueblo de Elsa ____________ una calle que se llama calle del Mar.
2. Tuy ____________ una ciudad junto a la frontera de Portugal.
3. Al final de la historia, todos ____________ contentos porque han salvado a Clara.
4. Sabina ____________ azafata pero viaja como pasajera.
5. La jefa de azafatas ____________ muy enfadada con Sabina.
6. Estrella ____________ una niña muy valiente que ayuda a Sabina.

Ejercicio 4: Indefinido. **Setzen Sie die Verben in der 3. Person des Indefinido ein!**

1. ser	____________	5. saber	____________
2. estar	____________	6. poder	____________
3. hacer	____________	7. dar	____________
4. querer	____________	8. tener	____________

Ejercicio 5: Formas del verbo. **Sabina beschreibt sich selbst: Füllen Sie die Lücken mit der passenden Verbform!**

¡Ah!, y nunca **1. hacer** ____________ fotografías: una foto es como un pedazo de vida que está muerto, y a mí me **2. gustar** ____________ la vida. **3. reír** ____________ mucho, **4. mirar** ____________ directamente a la gente, **5. preguntar** ____________ cosas inapropiadas en momentos poco oportunos pero nunca **6. recibir** ____________ una respuesta desagradable. **7. saber** ____________ que no molesto con mis preguntas, porque sé que transmito alegría. Así que normalmente no **8. escribir** ____________, pero la policía me pide que cuente la historia, y ahora que **9. tener** ____________ que hacerlo, no sé muy bien cómo. Cuando **10. recordarse** ____________, todavía **11. ponerse** ____________ nerviosa.

Ejercicio 6: Imperativo y gerundio. Wie lauten die Imperativform in der 2. Person Singular und das Gerundium der folgenden Verben?

1. coger ______________ ______________
2. salir ______________ ______________
3. ir ______________ ______________
4. volver ______________ ______________
5. pensar ______________ ______________
6. hacer ______________ ______________

Ejercicio 7: Diálogo. Ergänzen Sie die fehlenden Wörter und bringen Sie den Dialog Sabinas mit dem Kioskbesitzer in die richtige Reihenfolge!

☐ a) -Aquí tienes.

☐ b) -Son cinco ______________ cuarenta.

☐ c) -Hola Sabina, ¿ ______________ tal?

☐ d) -Gracias, hasta ______________.

☐ e) -Para eso estamos aquí. ¿ ______________ te apetece?

☐ f) -______________ luego, Sabina.

☐ g) -Muy ______________, gracias. Necesito algo para leer.

☐ h) -Me llevo 'El País' y esta ______________ de National Geographic.

☐ i) -La vuelta.

Ejercicio 8: Comprensión. Beantworten Sie die Fragen zum Kurzkrimi 'Crimen en el Teatro Romano de Mérida'!

1. ¿De qué región es Mérida la capital?

____

2. ¿En qué obra actuaba Felisenda?

____

3. ¿Qué es el Teatríptico?

____

4. ¿Quién es Gloria López?

____

5. ¿Quién mató a Felisenda Gimeno?

____

Ejercicio 9: ¿Imperfecto o indefinido? Setzen Sie die Verben ins Imperfecto oder Indefinido!

Felisenda Gimeno 1. ser ______________ una joven actriz, hija de Antonio e Inés. Su novio 2. llamarse ______________ Ramón. Sin embargo, Felisenda 3. mantener ______________ una relación con su tío Enrique. Un día, Felisenda 4. decidir ______________ terminar con esta relación, porque 5. querer ______________ casarse con Ramón, pero Enrique no lo 6. aceptar ______________. En la noche del estreno, Enrique 7. ordenar ______________ a José Manuel, un chico con problemas mentales, que le diera una bebida a Felisenda. Esa bebida 8. contener ______________ un veneno.

Soluciones

El misterio del Camino de Santiago

Ejercicio 1: **1.** los mejores **2.** las ideas **3.** los kilómetros **4.** las jóvenes **5.** los días

Ejercicio 2: **1.** está **2.** está **3.** hay **4.** haber **5.** es, Son **6.** está

Ejercicio 3: **1.** que **2.** de **3.** con **4.** en **5.** de **6.** por

Ejercicio 4: **1.** Los jinetes no persiguieron a los estudiantes. **2.** La ermita está en una finca privada. **3.** Virginia no estaba de acuerdo. **4.** Clara se quedó encerrada en la cripta.

Ejercicio 5: **1.** pinturas **2.** finca **3.** amiga **4.** puerta **5.** jinetes **6.** antorchas **7.** anciana

Ejercicio 6: **1.** sorprendido **2.** construido **3.** llamado **4.** terminado **5.** contemplado **6.** decepcionado

Ejercicio 7: **1.** quién **2.** dónde **3.** cómo **4.** qué

Ejercicio 8: **1.** Después de **2.** al **3.** desde **4.** entre **5.** por **6.** para

Ejercicio 9: **1.** preguntando **2.** explicando **3.** insistiendo **4.** teniendo **5.** sabiendo **6.** yendo

Ejercicio 10: **1.** precisamente **2.** inocentemente **3.** finalmente **4.** urgentemente **5.** normalmente **6.** completamente

Ejercicio 11: **1.** encontraron **2.** sabía **3.** gusta **4.** hizo **5.** Tuviste

Ejercicio 12: **1.** hogar **2.** no **3.** hacia **4.** encapuchado **5.** mujer **6.** mayor

Ejercicio 13: **1.** entiendo **2.** sonríe **3.** atraer **4.** siguen **5.** sirve **6.** entren **7.** vuelve **8.** dices **9.** sabes **10.** muere **11.** ríe **12.** tiene

Ejercicio 14: **1.** festbinden ≠ soltar **2.** schuldig ≠ inocente **3.** gesund ≠ enfermo **4.** finden ≠ perder **5.** feige ≠ valiente **6.** sich nähern ≠ alejarse **7.** leider ≠ por suerte

Verano porteño

Ejercicio 1: **1.** que **2.** cómo **3.** muy **4.** con **5.** No **6.** tampoco **7.** más **8.** los

Ejercicio 2: **1.** fui/fue **2.** fui/fue **3.** vine/vino **4.** estuve/estuvo **5.** llegué/llegó **6.** puse/puso

Ejercicio 3: **1.** richtig **2.** falsch (A Sabina le gusta mucho su profesión.) **3.** falsch (No, en la vida de Sabina hubo un par de grandes y pequeños amores.) **4.** richtig

Ejercicio 4: **1.** llegar al aeropuerto **2.** facturar **3.** pasar el control de la policía **4.** embarcar **5.** despegar **6.** volar **7.** aterrizar **8.** desembarcar **9.** recoger el equipaje **10.** salir del aeropuerto

Ejercicio 5: Sabina va al mostrador y se pone a la cola. Delante de ella hay un hombre. Calcula unos veinte minutos de espera. Comprueba el número de su vuelo. Entonces lo nota: ¡ese olor! No sabe de dónde viene. Le recuerda automáticamente a M1.

Ejercicio 6: **1.** richtig **2.** richtig **3.** falsch (La familia de Sabina vive en Argentina. Solo unos parientes viven en Israel.) **4.** richtig **5.** falsch (No, Sabina le da su número de teléfono al pasajero. Lo apunta en la revista.) **6.** falsch (No se vuelven a encontrar ni en la puerta de embarque ni en el avión. El pasajero queda desaparecido.)

Ejercicio 7: **1.** enfadado **2.** escondido **3.** despegado **4.** hecho **5.** puesto

Ejercicio 8: **1.** no des **2.** tengo **3.** dime **4.** me voy **5.** mira **6.** pienso

Ejercicio 9: **1.** d **2.** e **3.** a **4.** c **5.** b **6.** f

Ejercicio 10: **1.** se **2.** lo **3.** me **4.** te **5.** La **6.** mi

Ejercicio 11: **1.** está **2.** está **3.** están **4.** es **5.** es **6.** es, ser

Ejercicio 12: **1.** Tenéis **2.** me dejas **3.** es **4.** están **5.** podemos comunicarnos **6.** digo **7.** podemos hablar

Ejercicio 13: **1.** hables **2.** Daos **3.** Muéstreme **4.** Abran **5.** Disculpe **6.** te ligues

Ejercicio 14: **1.** aviones **2.** explicación **3.** relaciones **4.** razón **5.** direcciones **6.** bandoneón

Ejercicio 15: **1.** richtig **2.** falsch (Durante el vuelo, Sabina piensa en el pasajero, pero no puede dormir.) **3.** falsch (José, el hermano de Estrella, descubre que el asiento 156B está ocupado.) **4.** falsch (No, Sergio Prymak es el compañero del asesino. Ha tomado el vuelo a Buenos Aires para dar una pista falsa.) **5.** falsch (No, cuando la P2 amenaza de despedirlos, Marcelo acaba de ayudar a las chicas.) **6.** richtig

7. richtig **8.** falsch (El restaurante ¡Ché bandoneón! está en Madrid.) **9.** falsch (Sabina y Estrella encuentran el plano en el bolsillo de la gabardina.) **10.** richtig **11.** falsch (No, al final, la P2 les ayuda y llama a tierra para avisar a la policía.) **12.** richtig

Crimen en el Teatro Romano de Mérida

Ejercicio 1: La, el, la, la, su, la, su, el

Ejercicio 2: **1.** representación **2.** nervioso **3.** sangre **4.** capital **5.** error **6.** columna
Lösung: teatro

Ejercicio 3: **1.** prisiones **2.** reyes **3.** representaciones **4.** actores **5.** atenciones **6.** teléfonos

Ejercicio 4: **1.** llega **2.** se pone **3.** lleven **4.** pasado **5.** grita **6.** dice **7.** desmaya **8.** para

Ejercicio 5: **1.** es **2.** fue **3.** hay **4.** Era **5.** era/fue **6.** era/fue

Ejercicio 6: **1.** en **2.** A **3.** para **4.** desde **5.** sobre **6.** por

Ejercicio 7: **1.** f **2.** h **3.** i **4.** j **5.** g **6.** a **7.** d **8.** b **9.** c **10.** e

Ejercicio 8: **1.** digo **2.** dice **3.** es **4.** contesta **5.** Puedo **6.** responde **7.** sonríe **8.** tengo **9.** creo **10.** Estoy **11.** sé **12.** veo

Ejercicio 9: **1.** Creo que debemos ir al lugar de los hechos. **2.** Los detectives se dieron cuenta de estos detalles. **3.** Vamos al bar a tomarnos un café con leche. **4.** Los testigos avisaron a la policía.

Ejercicio 10: **1.** era **2.** estuvimos **3.** era **4.** tiene **5.** estamos **6.** espero **7.** podemos **8.** se encontraba

9. estuvo **10.** dice **11.** dicen **12.** quería **13.** hacía **14.** vio

Ejercicio 11: **1.** por **2.** por **3.** para **4.** por **5.** a **6.** de, con

Ejercicio 12: **1.** fue **2.** pusieron **3.** querría **4.** estaban

Ejercicio 13: **1.** Él fue profesor de griego en el instituto en el que estudié. **2.** Márquez dudó un momento, pero luego tomó una decisión.
3. Cuando Márquez llegó al hospital, se encontró con la doctora. **4.** Loles Ramos peinó y maquilló a Felisenda. **5.** La doctora estuvo en el Teatro Romano.

Ejercicio 14: **1.** creo **2.** necesito **3.** debéis/deberíais **4.** van/han ido **5.** quiere **6.** se escapó

Test final

Ejercicio 1: **1.** La Ermita das Ánimas está en una finca privada. **2.** Manuel Louzán hizo llegar informaciones falsas sobre Raimundo. **3.** Clara se queda encerrada en la cripta. **4.** En la Isla de la Toja hay un casino. **5.** Maruxa es la esposa de Raimundo Vaqueira. **6.** El plato más típico de Galicia es el pulpo a la gallega.

Ejercicio 2: **1.** uno **2.** la **3.** Los **4.** la **5.** el **6.** el

Ejercicio 3: **1.** hay **2.** es **3.** están **4.** es **5.** está **6.** es

Ejercicio 4: **1.** fue **2.** estuvo **3.** hizo **4.** quiso **5.** supo **6.** pudo **7.** dio **8.** tuvo

Ejercicio 5: **1.** hago **2.** gusta **3.** Río **4.** miro **5.** pregunto **6.** recibo **7.** Sé **8.** escribo **9.** tengo **10.** me recuerdo **11.** me pongo

Ejercicio 6: **1.** coge, cogiendo **2.** sal, saliendo **3.** ve, yendo **4.** vuelve, volviendo **5.** piensa, pensando **6.** haz, haciendo

Ejercicio 7: **1. c)** qué **2. g)** bien **3. e)** Qué **4. h)** revista **5. b)** con **6. a) 7.** i) **8. d)** luego **9. f)** Hasta

Ejercicio 8: **1.** Mérida es la capital de Extremadura. **2.** Felisenda actuaba en la obra 'Antígona' de Sófocles. **3.** El Teatríptico es el grupo de teatro en que trabajaba Felisenda. **4.** Gloria López es la psiquiatra que cuida a José Manuel Blázquez. **5.** José Manuel mató a Felisenda, pero sin saberlo y bajo las órdenes de Enrique.

Ejercicio 9: **1.** era **2.** se llamaba **3.** mantenía **4.** decidió **5.** quería **6.** aceptó **7.** ordenó **8.** contenía

Glosario

ϟ = umgangssprachlich
f = feminin
m = maskulin
pl = Plural
irr = unregelmäßiges Verb

abandonar	verlassen
abatido	niedergeschlagen, bedrückt
abrocharse el cinturón de seguridad	den Sicherheitsgurt anlegen
a buen paso	zügig, flott
abundante	ausgiebig, üppig, reichlich vorhanden
a. C. (ante Cristo)	v. Chr.
acceder	gelangen
acercarse (a)	sich nähern (an)
acompañar	begleiten
acudir (a)	*hier*: sich wenden an; sich einfinden
adelantarse	vorauseilen
además	außerdem
adivino/a *m/f*	(Hell-)Seher(in), Wahrsager(in)
afeitar	rasieren
agarrar	greifen, grob packen
agitarse	sich hin und her bewegen, sich schütteln

agredir	anfallen, angreifen
albariño *m*	Weißwein aus Galicien
aldea *f*	Dorf, Weiler
alejarse	sich entfernen
almas *f pl* en pena	Seelen im Fegefeuer
alojar	unterbringen
alta mar *f*	hohe See, offenes Meer
altavoz *m*, altavoces *pl*	Lautsprecher
amanecer	dämmern, Tag werden
amenaza *f*	Drohung
ametralladora *f*	Maschinengewehr
anciano/a *m/f*	alte(r) Frau/Mann, Greis(in)
angustia *f*	*hier*: tiefe Traurigkeit, Kummer, Angst
antecedente *m*	*hier*: Vorstrafe
antorcha *f*	Fackel
aparcamiento *m*	Parkplatz
aparcar	(ein)parken
aparecer *irr*	auftreten; erscheinen
a pesar de	trotz
apetecer *irr*	mögen, Lust haben auf
apuntar	notieren; zeigen auf, zielen auf
arrodillarse	sich hinknien
asesinado/a *m/f*	Ermordete(r)
asesinar	ermorden
asesinato *m*	Mord
asesino/a *m/f*	Mörder(in)
así que	also, sodass
asiento *m*	Sitz, Platz
asistir	beiwohnen, anwesend sein
asombrado	erstaunt, überrascht
asombro *m*	Erstaunen
asustado	erschrocken
asustar(se)	(sich) erschrecken
atado	gefesselt, festgebunden
atar	festbinden

atasco *m*	Stau
atendido por	betreut von
aterrizaje *m*	Landung (Flugzeug)
aterrorizado	(heftig) erschrocken, geschockt
atreverse a	sich wagen, sich trauen
azafata *f*	Flugbegleiterin
ballesta *f*	Armbrust
bandeja *f*	Tablett
barbilla *f*	Kinn
barro *m*	Schlamm
bata *f*	Kittel
bodega *f* (de carga)	*hier*: Frachtraum
brindis *m*	Trinkspruch, Toast
broma *f*	Witz, Scherz
bruja *f*	Hexe
bulto *m*	*hier*: Bündel
burlón, burlona	spöttisch, höhnisch
cabaña *f*	Hütte
cada vez más	immer mehr
cadáver *m*	Leichnam
caer *irr* bien	sympathisch finden
caer(se) *irr*	fallen
callado	ruhig, still, verstummt
callar(se)	schweigen, verstummen
caluroso	warm, heiß
calvo	glatzköpfig, kahl
caminata *f*	Fußmarsch, Wanderung
camino *m* dehesa adentro	Weg in Richtung Weide
cana *f*	weißes Haar
caña *f* de pescar	Angelrute
capucha *f*	Kapuze
cárcel *f*	Gefängnis
cariñosamente	zärtlich, liebevoll
cariñoso	zärtlich
celda *f*	Zelle

celoso	eifersüchtig
ϟ ¡che!	Hey! (Ausruf, Argentinien)
chimenea *f*	Kamin
cicatriz *f*	Narbe
ciclo *m* (vital)	(Lebens-)Zyklus
cinturón *m* de seguridad	Sicherheitsgurt
ciudad *f* natal	Geburtsort, Heimatstadt
ciudadano/a *m/f*	Bürger(in)
clavar	einrammen, feststecken, (fest)nageln
cobarde *m*	Feigling
cobertizo *m*	Schuppen
cobertura *f*	Empfang (Handy)
coche *m* todoterreno	Geländewagen
codazo *m*	Ellbogencheck, Stoß mit dem Ellbogen
cola *f* del avión	Flugzeugheck
colgar *irr*	*hier*: auflegen; hängen
colina *f*	Hügel
colorado	*hier*: rot; farbig
comarca *f*	Gegend, Landkreis
comercio *m*	Geschäft
compañía *f* aérea	Fluggesellschaft
compañía *f* (de teatro)	(Theater-)Truppe, Ensemble
compasivo	mitfühlend
comprobar *irr*	(über)prüfen
condenar a muerte	zum Tode verurteilen
conquista *f* romana	römische Eroberung
conquistador *m*	Eroberer
conquistar	erobern; verführen
conseguir *irr*	erreichen; erhalten
contemplar	betrachten
contrabando *m*	Schmuggel
convencer *irr*	überzeugen
convencido	überzeugt

convicción *f*	Überzeugung
corrompido	korrupt
cotillear	tratschen
cripta *f*	Krypta
cuerda *f*	Schnur, Strick
culpable	schuldig
culpable *m/f*	Schuldige(r)
cultivo *m*	Anbau
cúpula *f*	Kuppel
curiosidad *f*	Neugier
dar *irr* con una noticia	*hier*: eine Information (im Internet) finden
dar *irr* el pésame	Beileid aussprechen
dar *irr* la espalda a alguien	jdm. den Rücken zudrehen, sich abwenden
darse *irr* cuenta de	etw. bemerken
darse *irr* la vuelta	sich umdrehen
darse *irr* prisa	sich beeilen
d. C. (después de Cristo)	n. Chr.
decepcionado	enttäuscht
decidido	entschlossen
decidir(se)	(sich) entscheiden
decís vos	du sagst (Argentinien)
de espaldas	*hier*: von hinten; rückwärts, rücklings
dehesa *f*	Weide; Koppel
⚡ de mala gana	widerwillig, ungern
dentro de lo que cabe	im Rahmen des Möglichen
denunciar	anzeigen, verraten
de paso	nebenbei, bei der Gelegenheit
deprisa	eilig, schnell
de repente	plötzlich
desafiante	herausfordernd
desagradable	unangenehm
desalentado	mutlos; atemlos
desaparecer *irr*	verschwinden

desaparición *f*	Verschwinden
desatar(se)	(sich) losbinden
descender *irr*	(her)absteigen, herunterkommen
desconfianza *f*	Misstrauen
descorchar	entkorken
descubierto	entdeckt, ertappt
descubrimiento *m*	Entdeckung, Enthüllung
descubrir	entdecken, aufdecken
descuidado	nachlässig, ungepflegt
desnudo	nackt
despacho *m*	Büro, Sprechzimmer
despedir *irr*	*hier*: entlassen; verabschieden
despegar	abheben (Flugzeug)
despierto	wach
desviar la atención	ablenken
detener *irr*	festnehmen, verhaften
detenido/a *m/f*	Häftling
diseñar	entwerfen
distinguir	erkennen; unterscheiden
duda *f*	Zweifel
dudar	(an)zweifeln, zögern
echar a correr	loslaufen
echar de menos	vermissen
Edad *f* Media	Mittelalter
embalse *m* de Proserpina	Proserpina-Talsperre (aus römischer Zeit)
embarcar	an Bord gehen
embarque *m*	Einsteigen, An-Bord-Gehen
emeritense *m/f*	Einwohner(in) von Mérida
emperador *m*	Kaiser
empresario/a *m/f*	Unternehmer(in)
empujar	stoßen, drücken
encajar	zusammenpassen, sich zusammenfügen
en cambio	demgegenüber, jedoch

encapuchado	vermummt
encargarse de algo	sich um etw. kümmern
encerrado	eingesperrt, eingeschlossen
encerrar *irr*	einsperren
encina *f*	Steineiche
encontrar(se) *irr* con/a	treffen auf; sich treffen mit
en efecto	tatsächlich
enfadado	verärgert
enfadarse	sich ärgern
engañar	betrügen
enloquecer *irr*	verrückt werden, den Verstand verlieren
ennegrecido	schwärzlich, schwarz angelaufen
enrojecer *irr*	erröten
en serio	im Ernst
enterarse (de algo)	(etw.) erfahren
enterrar *irr*	beisetzen, beerdigen
entierro *m*	Begräbnis
entrega *f*	Lieferung
envenenado	vergiftet
en vez de	anstelle von, anstatt
enviar	(zu)senden
equipaje *m* de mano	Handgepäck
equipo *m* de pesca	Angelausrüstung
equivocarse	sich irren
ermita *f*	Kapelle, Einsiedelei
ermitaño *m*	Eremit
escalofrío *m*	Schauder
escapatoria *f*	Entrinnen
escepticismo *m*	Skepsis
esconder	verstecken
escondido	versteckt
espada *f*	Schwert
espalda *f*	Rücken
esquizofrenia *f*	Schizophrenie

estar *irr* de espaldas a alguien	mit dem Rücken zu jdm. stehen
estar *irr* fuera de lugar	fehl am Platz sein, unangebracht sein
estar *irr* harto de algo	etw. satt haben
estar *irr* para algo	für etw. aufgelegt sein
Esto me da mala espina.	Ich habe kein gutes Gefühl dabei.
exagerar	übertreiben
excepcional	außergewöhnlich
excusa *f*	Ausrede; Vorwand
exigir (algo de alguien)	(etw. von jdm.) verlangen, (jdm. etw.) abverlangen
explorar	erkunden, untersuchen
expulsar	vertreiben
extendido	ausgebreitet
extrañado	verwundert
extrañar(se)	(sich) wundern
extraño	seltsam, komisch
facturación *f*	Check-in
facturar	einchecken, (Gepäck) aufgeben
fallecer	sterben, verscheiden
fijamente	aufmerksam, sehr genau
fijarse en	achten auf, bemerken
fortaleza *f*	*hier*: Festung
frazada *f*	(Woll-)Decke
fundar	gründen
furgoneta *f*	Lieferwagen
gabardina *f*	Trenchcoat
gesto *m* de disgusto	Geste der Verärgerung
gruñir	grunzen, knurren
guiarse por algo	sich nach etw. richten
hacer *irr* caso	beachten; gehorchen
hacer *irr* gracia	Spaß machen, gefallen
hacerse *irr* cargo de algo	sich um etw. kümmern
hada *f*	Fee

halagado	geschmeichelt
hasta	*hier*: sogar; bis
herida *f*	Wunde, Verletzung
hierbas *f pl*	*hier*: Gräser, Kräuter
hogar *m*	Heim
hombro *m*	Schulter
huir *irr*	fliehen
humilde	bescheiden; einfach
hundido en sus pensamientos	in Gedanken versunken
iluminar con sabiduría	mit Wissen erhellen
impacientarse	die Geduld verlieren
impaciente	ungeduldig
impermeable *m*	Regenmantel
imprescindible	unerlässlich
inconveniente *m*	Schwierigkeit, Hindernis
incredulidad *f*	Ungläubigkeit
ininteligible	unverständlich
insistir	bestehen auf, insistieren
intentar	versuchen
intento *m* **de asesinato**	Mordversuch
internar	einweisen
interno/a *m/f*	Insasse, Insassin
interrogar	befragen, verhören
interrogatorio *m*	Befragung, Verhör
investigación *f*	Untersuchung, Ermittlung
involucrar	überreden, verwickeln
ir *irr* **a por algo**	etw. holen gehen
ir *irr* **de caza**	auf die Jagd gehen
irresistible	unwiderstehlich
jinete *m*	Reiter
junta *f* **directiva**	Vorstand
jurar	schwören
labio *m*	Lippe
lancha *f*	Boot, Kahn; Motorboot

ϟ levantarse a alguien	jdn. anmachen (Argentinien)
ϟ ligar a alguien	jdn. anmachen (Spanien)
ligero	leicht
linterna *f*	Taschenlampe
litera *f*	Schlafkoje; Stockbett
llamativo	auffällig
llanura *f*	Ebene
llevar la contraria a alguien	jdm. widersprechen
Lo acompaño en el sentimiento.	Mein Beileid.
localizador *m* vía satélite	GPS-Gerät
locura *f*	Irrsinn
lograr	schaffen, erreichen
lujoso	luxuriös
magnífico	ausgezeichnet, großartig
mala suerte *f*	Pech
maldito	verdammt, verflucht
maleducado	flegelhaft, schlecht erzogen
maletero *m*	Gepäckfach; Kofferraum
malicia *f*	Bosheit
manada *f*	Herde
manejar	umgehen mit, handhaben
maquilladora *f*	Visagistin
mariscos *m pl*	Meeresfrüchte
matrícula *f*	Autokennzeichen
medida *f* de seguridad	Sicherheitsmaßnahme
mercancía *f*	Ware
merecido	verdient
miembro *m*	Mitglied
mirar de reojo	verstohlen ansehen
ϟ mocoso/a *m/f*	Grünschnabel, Dreikäsehoch, Fratz
molestar	belästigen, stören
molesto	verärgert, genervt
montadito *m*	kleine belegte Brotschnitte

mordaza *f*	*hier*: Knebel
morder *irr*	beißen
mostrador *m*	Schalter
mostrar *irr* señas de	Anzeichen von etw. zeigen
murmullo *m*	Murmeln
murmurar	murmeln
nacimiento *m*	Geburt
narcotráfico *m*	Drogenhandel
no salir *irr* con vida	nicht überleben
obedecer *irr*	gehorchen
obediencia *f* absoluta	absoluter Gehorsam; Hörigkeit
obispo *m*	Bischof
obligación *f*	Pflicht
observador/a *m/f*	Beobachter(in)
obstáculo *m*	Hindernis
ocurrir	geschehen, passieren
ocurrírsele una idea a alguien	eine Idee haben
ofender	kränken, beleidigen
ofendido	gekränkt, beleidigt
ofrecer(se) *irr*	(sich) anbieten
olla *f*	Topf
orgulloso	stolz, hochnäsig
orilla *f*	Ufer
padecer *irr*	leiden an
Páginas *f pl* Amarillas	Gelbe Seiten
pálido	blass, bleich
papel *m*	*hier*: Rolle
parecerse *irr* a alguien	jdm. ähneln
parecido	ähnlich
pareja *f*	*hier*: Partner; (Ehe-)Paar
participar en	an etw. teilnehmen
pasadizo *m*	Durchgang
pasar de largo	weitergehen, vorübergehen
patrimonio *m* público	Gemeingut

peculiar	besonders, eigen, speziell
pedazo *m*	Stück
pedregoso	steinig
pegar un tiro a alguien	auf jdn. schießen
peligroso	gefährlich
pelirrojo	rothaarig
peregrino/a *m/f*	Pilger(in)
pescador/a *m/f*	Angler(in)
pescar	fischen, angeln
pese a todo	nichtsdestotrotz
perseguir *irr*	verfolgen
⚡ perturbado/a *m/f*	Geistesgestörte(r)
piel *f*	Haut
pino *m*	Pinie, Kiefer
pista *f*	Spur, Fährte
pizarra *f*	*hier*: Schiefer
poner *irr* las esposas	Handschellen anlegen
poner *irr* rumbo a	eine Route einschlagen, Kurs nehmen auf
por desgracia	leider
por equivocación	aus Versehen
¿Por quién me tomas?	Für wen hältst du mich?
portafolios *m*	Aktenkoffer
porteño	aus Buenos Aires, zu Buenos Aires gehörig
pradera *f*	Wiese
precaución *f*	Vorsicht
preocupación *f*	Besorgnis
preocupado	besorgt
preocupar(se)	(sich) Sorgen machen, beunruhigen
prestigioso	angesehen
prueba *f*	Beweis
puerta *f* de embarque	Gate (Flughafen)
pulpo *m*	Tintenfisch

puñetazo *m*	Fausthieb
rastrear	durchkämmen (Gebiet)
recibo *m* de compra	Kassenbon, Kaufbeleg
recompensa *f*	Belohnung
recorrer	entlanggehen, -laufen, durchqueren
reflexionar	nachdenken
reloj *m* de muñeca	Armbanduhr
rendirse *irr*	sich ergeben
resistir	widerstehen
resolver *irr*	lösen
⚡ retar	schelten, ausschimpfen
retirado	in Rente, pensioniert
retirarse	*hier*: in Rente gehen; sich zurückziehen
reunión *f*	Versammlung, Sitzung
riego *m*	Bewässerung, Gießen
rifle *m*	Gewehr
rizado	gelockt
romper	zerreißen, zerbrechen, kaputtmachen
⚡ romper con alguien	mit jdm. Schluss machen
rostro *m*	Gesicht
rueda *f* de prensa	Pressekonferenz
ruido *m*	Krach, Geräusch
rumbo a	Kurs auf, in Richtung
Santa Compaña *f*	Heilige Gefolgschaft, Totenprozession (im galicischen Volksglauben)
santiguarse	sich bekreuzigen
sendero *m*	Fußweg, Pfad
señal *f*	Zeichen, Anzeichen; Spur
separarse	sich trennen
serio	ernst
sermón *m*	*hier*: dummes Gerede; Predigt, Sermon
siglo *m*	Jahrhundert

siniestro	unheimlich
sollozo *m*	Schluchzen
sonrisa *f*	Lächeln
sonrojarse	erröten
soportar	aushalten, ertragen
sorprender	überraschen, erstaunen
sorprendido	erstaunt
sospecha *f*	Verdacht
sospechar	vermuten; verdächtigen
sospechoso	verdächtig
sótano *m*	Keller
suave	weich
subrayado	unterstrichen
sudario *m*	Schweißtuch
supersticioso	abergläubisch
suponer *irr*	annehmen, vermuten
susurrar	flüstern
susurro *m*	Flüstern
tapa *f*	Deckel
tardar en hacer algo	sich Zeit lassen, etw. zu tun, Zeit brauchen
tardar	dauern
tarjeta *f* de embarque	Bordkarte
temblar *irr*	zittern
tener *irr* que ver con	zu tun haben mit
ϟ tener *irr* una cuenta pendiente con alguien	mit jdm. noch eine Rechnung offen haben
testigo *m/f*	Zeuge, Zeugin
tirador *m*	(Tür-)Griff
tomar por	halten für
torres *f pl* almenadas	zinnenbesetzte Türme
ϟ total que	also, infolgedessen
ϟ traer *irr* algo entre manos	etw. Im Schilde führen
tramo *m*	Abschnitt

tranquilizante *m*	Beruhigungsmittel
transmitir sus condolencias	sein Beileid aussprechen
trepar	hinaufsteigen, klettern
tronco *m*	Stumpf, Baumstamm
tutear	duzen
unir	vereinen, verbinden
unirse a alguien	sich zu jdm. gesellen, sich jdm. anschließen
vagar	umherirren
valer *irr* la pena	sich lohnen
valioso	wertvoll
valla *f*	Zaun
vaya	na so was
verja *f*	Zaun
vestuario *m*	Garderobe
vicio *m*	Laster
viga *f*	Balken
vigilado	bewacht
vigilar	bewachen
vista *f*	*hier*: Sehkraft; Sicht, Blick
vistoso	*hier*: kleidsam; ansehnlich
volverse *irr* (hacia)	sich (zu jdm./etw.) umdrehen
zapato *m* de charol	Lackschuh
zona *f* residencial	Wohngebiet

Tabla de ejercicios

Lernkrimi Lektüren Spanisch

A1

¡Adiós, enemigo!
Kurzkrimis
ISBN 978-3-8174-9435-4

Crimen en Sierra Nevada
Kurzkrimis
ISBN 978-3-8174-9985-4

Una siesta fatal
Kurzkrimis
ISBN 978-3-8174-9659-4

A2

El misterio del Camino de Santiago
Kurzkrimis
ISBN 978-3-8174-1383-6

Negocio mortal
Kurzkrimis
ISBN 978-3-8174-9216-9

Réquiem por un torero
Kurzkrimis
ISBN 978-3-8174-7736-4

Querida muerte
Classic
ISBN 978-3-8174-9795-9

B1

El guitarrista del diablo
Kurzkrimis
ISBN 978-3-8174-7947-4

Hasta nunca, corazón
Kurzkrimis
ISBN 978-3-8174-8546-8

Escándalo en el Prado
Classic
ISBN 978-3-8174-7817-0

La víctima de la feria
Classic
ISBN 978-3-8174-9793-5

Comisario García investiga
Sammelband 3 in 1
ISBN 978-3-8174-7842-2

Enterrado vivo
Lernthriller
ISBN 978-3-8174-9318-0

Marionetas de la muerte
Lernthriller
ISBN 978-3-8174-8859-9

B2

El monje misterioso
Classic
ISBN 978-3-8174-7615-2

El Rioja negro
Classic
ISBN 978-3-8174-7684-8

Morir de miedo
Classic
ISBN 978-3-8174-9489-7

Secuestro en La Habana
Classic
ISBN 978-3-8174-1647-9

C1

El último fandango
Classic
ISBN 978-3-8174-8380-8

Lernkrimi Hörbücher Spanisch

A1

El sacrificio
ISBN 978-3-8174-9992-2

A2

El misterio de la estudiante
ISBN 978-3-8174-8267-2

Una muerte trágica
ISBN 978-3-8174-9439-2

B1

Música mortal
ISBN 978-3-8174-8861-2

Último saludo desde Granada
ISBN 978-3-8174-7744-9

Lernkrimi Rätselblöcke Spanisch

A1

Hasta la muerte
ISBN 978-3-8174-9503-0

A2

El secreto de los amantes
ISBN 978-3-8174-9157-5

B1

Sorpresa peligrosa
ISBN 978-3-8174-8834-6

Lernkrimi Sprachkurs

A1/B1

Lernkrimi Sprachkurs
ISBN 978-3-8174-7843-9

Compact Lernkrimi
Spannend Sprachen lernen

Englisch | Französisch | Italienisch
Spanisch | Deutsch als Fremdsprache | Schwedisch
Niederländisch | Portugiesisch

Lernkrimi Lektüre

- Spannende Krimistorys mit zahlreichen Übungen
- Vokabel- und Infokästen direkt auf der Seite
- Durchgehende Geschichte oder drei Kurzkrimis

Lernkrimi Rätselblock

- Mini-Krimis mit vielen Rätselübungen
- Lösungen und Vokabelangaben auf der Rückseite
- Zahlreiche Illustrationen

Lernthriller

- Hochspannende Thriller mit Gänsehaut-Garantie
- Übungen mit ansteigendem Schwierigkeitsgrad
- Vokabel- und Infokästen

Lernkrimi Hörbuch

- Krimistory auf CD
- Gelesen von Muttersprachlern
- Begleitbuch zum Mitlesen inklusive Übungen und Vokabelangaben

compact

www.lernkrimi.de
www.compactverlag.de
www.facebook.com/lernkrimi